O caminho para
si mesmo

Dados Internacionais de Catalogação na Publicação (CIP)
(Câmara Brasileira do Livro, SP, Brasil)

Kast, Verena
O caminho para si mesmo / Verena Kast ; tradução de Enio Paulo Giachini. – Petrópolis, RJ : Vozes, 2016.

Título original: Der Weg zu sich selbst

2ª reimpressão, 2023.

ISBN 978-85-326-5327-7

1. Autoconhecimento 2. Consciência 3. Desenvolvimento humano 4. Individuação 5. Psicologia junguiana I. Título.

16-06389 CDD-150.1954

Índices para catálogo sistemático:
1. Individuação : Processo : Psicologia
analítica junguiana   150.1954

VERENA KAST

O caminho para
si mesmo

**Tradução de
Enio Paulo Giachini**

EDITORA
VOZES

Petrópolis

Publicado inicialmente em 1997 por Walter Verlag.
© 2015 Patmos Verlag der Schwabenverlag AG, Ostfildern

Tradução do original em alemão intitulado *Der Weg zu sich selbst*

Direitos de publicação em língua portuguesa:
2016, Editora Vozes Ltda.
Rua Frei Luís, 100
25689-900 Petrópolis, RJ
www.vozes.com.br
Brasil

Todos os direitos reservados. Nenhuma parte desta obra poderá ser reproduzida ou transmitida por qualquer forma e/ou quaisquer meios (eletrônico ou mecânico, incluindo fotocópia e gravação) ou arquivada em qualquer sistema ou banco de dados sem permissão escrita da editora.

CONSELHO EDITORIAL
Diretor
Volney J. Berkenbrock

Editores
Aline dos Santos Carneiro
Edrian Josué Pasini
Marilac Loraine Oleniki
Welder Lanciere Marchini

Conselheiros
Elói Dionísio Piva
Francisco Morás
Gilberto Gonçalves Garcia
Ludovico Garmus
Teobaldo Heidemann

Secretário executivo
Leonardo A.R.T. dos Santos

Editoração: Flávia Peixoto
Diagramação: Sandra Bretz
Revisão gráfica: Nilton Braz da Rocha
Capa: Idée Arte e Comunicação
Ilustração de capa: © Marie_Marguerite | iStockphoto

ISBN 978-85-326- 5327-7 (Brasil)
ISBN 978-3-491-42124-0 (Alemanha)

Este livro foi composto e impresso pela Editora Vozes Ltda.

Sumário

Introdução, 7

1 Individuação: ponto de partida e objetivo, 13

2 Estagnação como desafio, 19

3 Autonomia: coragem para enfrentar a insegurança, 31

4 Crises como pontos de inflexão, 39

5 Abertura para dentro, 51

6 Terapia como acompanhamento na caminhada, 61

7 Emoções: potenciais desconhecidos de desenvolvimento, 69

8 Contos de fadas e sonhos: sinais indicativos vindos do inconsciente, 83

9 Amadurecer no encontro com o tu, 93

Referências, 109

Introdução

O objetivo da individuação é tornar-se, entre todos os seres humanos, o indivíduo singular e único que podemos ser. Mas no decurso da vida não acabamos nos tornando assim naturalmente, por assim dizer, automaticamente? Que nos tornemos quem nós propriamente somos, que no decurso de nossa vida vamos nos tornando cada vez mais genuínos, sempre mais autênticos – que vamos nos tornando nós mesmos de forma cada vez mais inconfundível, isso não é uma consequência de nosso processo natural de vida?

É claro que existe esse tipo de pessoa, e cada um e cada uma de nós conhece diversas pessoas assim, originais. Mas seguramente não é um processo tão natural e óbvio. Nós não queremos viver apenas nossa própria vida; também queremos manter laços confiáveis com outras pessoas. Mas isso também significa que sempre precisamos nos adaptar a outras pessoas, que temos de estabelecer pactos. Basta pensarmos um pouco em quantas vezes tivemos de nos adaptar em nossa vida. É claro que sempre nos vemos obrigados a enfrentar essas situações, porém nós podemos fazer isso em sintonia conosco mesmos, podemos, ainda, nos adaptar de tal modo que a postura dali proveniente já não é adequada a nós próprios. Nesse caso, traímos a nós mesmos, nos tornamos infiéis. Dependendo dos aspectos e partes em que tal fato ocorre em nossa vida pode haver consequências mais brandas ou mais graves. Vamos supor que sejamos pessoas que gostem de silêncio e serenidade espiritual e nos decidamos levar uma vida ativa, presente e em constante movimento, como a partir de algum paradigma que tenha maior reconhecimento social – uma vez que nesse tipo de decisões, costumamos tomar alguém como paradigma – é bem possível que consigamos suportar esse estilo de vida, mas precisamos dispender muita energia para isso. E, muitas vezes, nós simplesmente nos adaptamos demais porque buscamos agradar a uma pessoa, até chegarmos ao ponto de não termos mais clareza de quem somos nós próprios. Nosso estilo de vida é constantemente influenciado por essas adaptações exageradas; mas quando isso começa a nos deixar inquietos, sentimos que não estamos mais assentados em nós mesmos; essa experiência poderá nos levar a modificar nossa vida. Porém, se nos mantivermos escondidos por trás dessa situação, dificilmente poderemos nos modificar e acabamos nos tornando uma personalidade artificial.

A questão é saber, portanto, em que aspectos nossa adaptação é exagerada. Se nos adaptamos demasiadamente às vestes de uma moda que não condiz conosco, isso terá um efeito passageiro sobre nossa vida como um todo. O que se adapta a alguém jamais é algo determinado e pronto: via de regra, temos sempre diversas opções de escolha. Há naturalmente muitos aspectos de posturas, estilos, convicções que num determinado momento podem estar em consonância com o que sentimos na vida – mas jamais à sua totalidade. E é próprio da vida humana que sempre de novo tenhamos de sondar o que realmente condiz e concorda conosco e tenhamos de deixar de lado o que já não condiz. Também essas coisas fazem parte do processo de individuação.

E não é assim que, em cada situação, tenhamos de nos decidir cientemente sobre posturas e comportamentos que – mais ou menos – são a expressão de nosso ser? Já em nossa infância, cada um de nós tem mais apreço por determinados aspectos do que por outros, certos comportamentos foram elogiados e outros punidos. Quando nossos educadores tinham olhos para ver e sensibilidade em relação ao nosso modo característico de ser, o acordo estabelecido entre nossa personalidade e as tarefas indispensáveis de adaptação à sociedade gerava satisfação: "não nos tornávamos demasiadamente resguardados". Mas quando as pessoas responsáveis por nossa educação não tinham tanta sensibilidade quanto ao nosso jeito pessoal, ou quando se deixavam influenciar demasiadamente por aquilo que *todo mundo* faz, o que *todo mundo* pensa, como *todo mundo* deve se comportar, então acabávamos não nos tornando as pessoas que realmente poderíamos ser.

Há dois aspectos da individuação que ficam claros aqui: de um lado, em momento algum de nossas vidas nós sabemos peremptoriamente quem somos e quem podemos ser; de outro, o princípio de individuação está em constante embate e confronto com aquilo que se espera de um ser humano numa determinada cultura. Aquilo que *nós* fazemos e pensamos, como *nós* devemos nos sentir, não corresponde ao princípio de individuação. Tornar-se si mesmo, portanto significa, de um lado, com cada vez mais clareza ir encontrando o que condiz propriamente conosco, e, por outro, suportar o conflito entre as nossas necessidades pessoais e as expectativas da sociedade. Faz parte de nossa natureza querermos viver nossa própria vida, mas, visto que também queremos manter laços de pertença com os outros, esse processo implica autonomia e adaptação.

Individuação significa descobrir no dia a dia vivido quem nós realmente somos, quais são as possibilidades bem específicas que nos são inatas e próprias. Podemos tomar conhecimento de nosso próprio ser quando percebemos conscientemente o que melhor se adapta a nós e o que não se adapta, e então podemos deixar de lado o que não nos serve. Mas também há um aspecto provocador, a saber, podemos descobrir sempre de novo novos aspectos desconhecidos em nós. No curso de nossas vidas sempre nos deparamos com situações que nos surpreendem; em nós acabam se nos revelando sempre de novo aspectos com os quais propriamente não contávamos. Em nós, resguardamos muitas coisas estranhas e desconhecidas, inconscientes, não sabidas – sempre estamos na iminência de nos defrontar com surpresas. Tomar conhecimento em nós desses aspectos desconhecidos é um processo de conhecimento instigante. Muitas vezes esse processo é desencadeado por conflitos que nos mostram quais são os aspectos que em nós ainda estão na sombra, quais os aspectos que ainda precisam ser desenvolvidos.

C.G. Jung considerava que a individuação é um processo que dura a vida inteira, um processo de confronto e embate consciente do eu com o inconsciente pessoal e coletivo, de um lado, e do eu com o consciente coletivo, de outro. Ele dizia que, de um lado, vão se tornando cada vez mais conscientes as sombras no ser humano, e, de outro, vão se tornando cada vez mais conscientes os aspectos sexuais contrapostos no ser humano, a saber, o *animus* e a *anima*.

Ao tomar consciência das sombras, começa-se a descobrir em si os aspectos que até o presente se procurava ocultar em si mesmo, que se queria ocultar, reprimir, e, por conseguinte, se projetava e combatia em outras pessoas. Aceitar as sombras significa ver a si mesmo cada vez mais como uma pessoa postada num campo de tensão entre aquilo que gostaria de ser e suas sombras; significa também ir assumindo cada vez mais responsabilidade por esses aspectos desagradáveis em si mesmo. Isso tem como consequência a não transferência e imputação desses aspectos para outras pessoas. Desse modo, nossa imagem própria ganha mais realidade, a vida se torna mais intensa e viva.

Mas a *anima* e o *animus* – os arquétipos dessa estranha misteriosa e desse estranho misterioso – são para nós ainda mais desconhecidos e estranhos do que os aspectos sombrios em nós; esses elementos nos ajudam a libertar-nos dos complexos paternos e, além disso, desempenham um papel importante na escolha de nosso parceiro ou de nossa parceira. São eles também que possibilitam a aproximação ao nosso centro, que transmitem à nossa vida as dimensões de sentido e anelo e podem, por fim, nos conduzir à espiritualidade. Em geral, o desenvolvimento se processa de tal modo que as figuras da *anima* e do *animus*, de início, ainda estão claramente matizadas pelos complexos de pai e de mãe, mas vão se transformando com cada vez mais clareza na imagem da estranha misteriosa e do estranho misterioso.

Os processos descritos precisam de tempo para acontecer; mostram assim, por um lado, que a individuação é um processo de afastamento e um tornar-se si mesmo, e, por outro, uma caminhada rumo ao centro e à profundidade pessoais. É um processo de aproximação, que está ainda sempre às voltas com a possibilidade e a necessidade de correção.

Muitas vezes tem-se descrito a individuação também como um caminho rumo a uma maior totalidade. Na compreensão junguiana, essa totalidade corresponde ao si-mesmo, o qual vai muito além da consciência do eu, abarcando o passado, o presente e o futuro da personalidade. O si-mesmo é compreendido também como impulso e anelo a um desenvolvimento vitalício, um confronto e embate entre o eu e o inconsciente na busca da totalidade desejada. Mas é claro que isso não significa a realização total do si-mesmo, o que não é possível em nosso modo de seres-humanos. Cada época tem sua compreensão própria de totalidade. Ela pode ser compreendida, por exemplo, no sentido de que se podem vislumbrar e vivenciar cada vez mais aspectos da própria personalidade, que o que está propenso e destinado à vida pode também ser vivenciado realmente, que podemos ser cada vez mais genuínos, mais autênticos, tornando-nos cada vez mais nós mesmos. Mas isso também significa que melhoramos nossa capacidade de suportar contradições em nossa personalidade, que apesar das contradições não nos sentimos divididos, mas sentimo-nos como um ser humano que experimenta a si mesmo como unidade. Significa, ademais, que permanecemos fiéis a nossos sentimentos e emoções, que vamos descobrindo cada vez melhor quais são os sentimentos que temos em determinado momento, e que aprendemos a distinguir entre nossos sentimentos autênticos e aqueles que imaginamos "dever ter".

O processo de individuação, como nós, psicólogos e psicólogas da psicologia profunda, o compreendemos, radica-se numa postura que pode ser aprendida na terapia: dar uma atenção consciente às manifestações do inconsciente, como acabamos de descrevê-las; ou seja, nos ocupamos com símbolos em sonhos, em contos de fadas, imagens etc., com emoções, mas sobretudo também com experiências em relacionamentos, pois é no confronto e embate com o tu concreto que vêm à tona muitas coisas de nossa psique inconsciente.

Nos símbolos é comum serem transportados para a consciência aqueles temas subliminares, e é no confronto e embate criativo com eles que se desenvolve a personalidade. E, visto que a individuação é um processo criativo, também pode ser sustentada através de métodos que fomentem o aspecto criativo.

Na psicologia junguiana não só prestamos atenção e cuidado a todos os símbolos, dando-lhe um acompanhamento terapêutico, como também observamos sempre a realidade do dia a dia em seus nexos remissivos simbólicos. A compreensão dos símbolos em Jung radica-se de forma peremptória na ideia de que na psique aninha-se uma propensão que tende a se desenvolver. Adoecemos sempre que não mais conseguimos perceber essa propensão. Ligada com essa ideia de desenvolvimento está a convicção de que toda vida possui um direcionamento oculto a uma meta. Com isso, estamos comprometidos com uma imagem de humano que o vê num conjunto de sentido abrangente, o qual se vê chamado a uma transformação criativa sempre nova. Além disso, sentimo-nos comprometidos com uma autoevidência de que todo acontecimento possui uma dimensão para além do óbvio e evidente, resguardando assim sempre um caráter misterioso.

O saber a respeito do processo de individuação pode se constituir num impulso importante para a vida de cada pessoa humana – uma vez que, como afirma Fromm, um grande objetivo da vida é que o ser humano deveria nascer antes de morrer, que, portanto, não deveríamos passar nossa vida como cópias, mas, em nossa vida, prestar nossa contribuição única como aquelas pessoas que podemos ser.

A Sra. Marianne Schiess reuniu passagens de meus livros que abordam o tema do processo de individuação, e que são um convite para novas reflexões e um novo sentir. Sou extremamente grata a ela.

Verena Kast

1
Individuação: ponto de partida e objetivo

Vir a ser inteiro e total é uma utopia. No melhor dos casos, estamos a caminho.

O objetivo do processo de individuação é tornar-nos os seres humanos que realmente somos. "Venha a ser quem tu és", foi o que já dissera o próprio Píndaro; a ideia, portanto não é nova. Aristóteles asseverou que todo ente criado contém em si a configuração que é própria apenas a ele, e que a vida deve levar no rumo dessa imagem própria. Isso significa que a plêiade de nossas possibilidades pode ser vivenciada em grande medida, que aquilo que é inato em nós – e talvez precisamente e apenas em nós – pode se tornar visível.

Nesse sentido, o processo de individuação é um processo de diferenciação: a especificidade de cada ser humano, sua peculiaridade, deve ganhar expressão. Faz parte essencial desse processo, aceitar a si mesmo, junto com todas as suas possibilidades implícitas, mas também todas as dificuldades – sendo que são precisamente as dificuldades um elemento essencial, elas perfazem em grande medida nosso modo de ser próprio. Aceitar a si mesmo, junto com as possibilidades e dificuldades, é uma virtude fundamental que busca realização no processo de individuação.

*

O tornar-se si mesmo não pode ser visto como algo que exclui o mundo dos outros (*Mitwelt*); ao contrário, tornar-se si mesmo, a configuração de si mesmo, implica sempre também a configuração de relações. E nisso a configuração de relações não significa que nosso semelhante possa apenas ser visto como algo que nos é útil, como a pessoa que é o sujeito de nossas projeções. É natural que justo nas relações sejam encontradas muitas projeções; nas relações com outras pessoas é muito comum encontrar a nós mesmos nelas projetados, uma vez que os arquétipos não dão vida apenas a relações, arquétipos dão vida também a arquétipos. No meu modo de entender, isso pertence à relação eu-tu que não esteja por demais distorcida com muitas projeções.

Mas, para além da relação eu-tu, estão em questão inúmeras possibilidades de relação do indivíduo com outros seres humanos, e em última instância também com o mundo. Assim, um indivíduo que está a caminho da individuação sempre irá encontrar-se de antemão numa tensão entre aquilo que pode ser vivenciado nos símbolos, aquilo que ele sente ser uma tarefa interior, e o seu ser-e-estar-no-mundo. Nisso, a vivência de mundo ou a vivência de relações irá modificar sempre de novo a visão que temos de nossos símbolos, e muito provavelmente, também, a formação dos símbolos. Relação e individuação são duas realidades que não podem ser separadas uma da outra.

*

Faz parte do processo de individuação colocar-nos em sintonia e concordes com aquilo que nós mesmos somos (mas não no sentido de não querermos modificar nada), colocar-nos concordes com certas condições básicas, que não podem ser discutidas e simplesmente afastadas. É precisamente na medida em que aceitamos essas condições básicas que podemos treinar e exercer nossa capacidade persistente de superar limites.

O ser humano deve tornar-se um ser único, solto e livre dos complexos paternos, e junto com isso também de parâmetros coletivos, de normas e valores de uma sociedade, de expectativas de papéis, daquilo que "as pessoas em geral" pensam. Tornar-se-si-mesmo significa, portanto, também adquirir maioridade.

Na imagem de mundo da psicologia junguiana vale o princípio de que aquilo que está fora também está dentro, e aquilo que está dentro também está fora. Por isso, não devemos nos desvincular apenas das presilhas que nos amarram aos valores, normas e expectativas de papéis coletivos – que nós internalizamos em nossa *persona* –, mas também das presilhas que nos amarram ao nosso inconsciente, e então, depois, relacionar-nos conscientemente com esse. Não devemos ser determinados, portanto, nem pelo inconsciente nem pelos valores criados pela sociedade.

*

E visto que nós, seres humanos, continuamos sempre tendo uma visão de nossa vida, de nossa totalidade ainda inconsciente – inconscientemente, sabemos para onde nos dirigimos –, no fundo ainda podemos nutrir esperanças. Essa ideia de que nós somos precedidos por nosso inconsciente, que a partir deste temos razões para nutrir esperanças, vem expressa na psicologia junguiana, por exemplo, na definição do si-mesmo como "fundamento e origem da personalidade individual", que "abrange passado, presente e futuro". O fato de todo o processo de individuação já encontrar-se inconscientemente inato em nós pode ser vivenciado, assim, também como uma visão encoberta e como anelo.

*

Quando o arquétipo do si-mesmo é experimentado em nós, seres humanos, temos a impressão de alcançar uma referência absoluta; temos o sentimento da centralidade do si-mesmo, a vivência da identidade irrefutável e também de que a situação de vida em que se vivencia a cada momento é uma determinação própria do destino. A encarnação, a realização do si-mesmo em nossa vida, representa por assim dizer uma utopia para todo o processo de individuação.

*

A mudança rítmica entre simbiose e individuação não é apenas um tema da primeira infância, trata-se de um fenômeno que se arrasta vida a fora e que se realiza apenas ao longo da vida. Sabemos que a simbiose da primeira infância contém e produz uma infinidade de forças benévolas e curativas. E, seguramente, uma de nossas tendências é revivificar mais uma vez essas forças que experimentamos na primeira infância.

*

Podemos experimentar, nos místicos e místicas, que eles podem alcançar uma simbiose com o divino e, apesar disso – ou justamente por causa disso –, também são individuados, eles vivenciam um excelente ritmo entre simbiose e individuação.

Quanto mais claros são os limites do eu tanto melhor podemos nos diferenciar das outras pessoas em nossa vivência do si-mesmo e em nosso agir; e quanto mais vivenciamos nossa própria vida, através desse processo, tanto menos precisamos nos manter agarrados aos respectivos limites de nosso eu, e tanto mais esses limites podem ser ultrapassados.

*

Nós não somos simplesmente lançados para dentro da vida, nós somos também sustentados e carregados por ela. Não existe apenas a angústia, há também a alegria. Através desse ser sustentado e carregado podemos nos transformar – mas é claro que também através do ser-lançado. No entanto, através do ser sustentado e carregado, trilhamos seguramente um caminho diferente: aqui, ligamo-nos na simbiose com outros seres humanos e também com nosso inconsciente; através disso vivenciamos mais plenitude de vida, mais fortaleza, num espírito de mais leveza; experimentamos o ser-si-mesmo no autoesquecimento, percebemos nossa vitalidade e a riqueza das descobertas possíveis. É uma forma de mudança através da autoconfirmação, da autoafirmação – uma pressuposição para o vir a ser-si-mesmo no sentido da individuação, na qual está em questão diferenciar-se das demais pessoas, questionar a si mesmo e assim encontrar a si mesmo.

*

Muitas vezes, simbolicamente, o processo de individuação se apresenta no processo de crescimento, sobretudo no crescimento de árvores. As árvores parecem ser muito apropriadas como objetos de projeção para o processo de individuação do ser humano. Como o ser humano se posta ereto no mundo, também as árvores assim se postam no espaço: elas deitam mais raízes do que nós, mas nós também nos recordamos das raízes; elas devem erguer-se até às alturas, crescer até sua morte; uma vez tendo se erguido nas alturas, elas têm de ficar de pé, resistir, conservar-se firme, como nós também fazemos. Na sua coroa elas se desenvolvem, produzem frutos, tornam-se fecundas, se dispersam pelo mundo. Sua coroa é igualmente um teto, é uma cobertura e proteção, oferece guarida aos pássaros. A árvore está ligada com a terra, com a profundidade, com a água; a árvore está ligada com o céu. Assim como a árvore, nós seres humanos estamos postados entre o elevado e o baixo.

2
Estagnação como desafio

Parece ser uma lei que, sempre que algo de novo se abre, junto com isso mostra-se sempre também o persistente.

Visto que o processo de individuação é um processo de integração subjetivo tanto quanto um processo de relacionamento objetivo, é possível darem-se ali duas formas de decadência:

Há pessoas que se individuam, por assim dizer, apenas no bojo de suas relações; podem vivenciar uma entrega e dedicação monstruosa, fazer grandes renúncias em prol de outras pessoas, e colocar de lado o eu. Isso significa que o impulso de individuação – a pulsão de individuação, que é chamada por Jung também de instinto – é projetado na relação e vivido apenas no aspecto da relação; falta o aspecto da integração. Falta a reflexão, portanto, sobre o que significa na vida própria essa pessoa a quem se dedica tanto empenho; se talvez ela não é expressão de uma participação intrapsíquica da qual se tem uma necessidade urgente para que a vida alcance sua totalidade. Nesse caso falta esse processo introspectivo.

A outra forma de decadência é a individuação na torre de marfim: o processo de identificação, aqui, transforma-se num processo puramente interior, tudo é resolvido consigo mesmo, os estímulos provindos de fora são acolhidos, mas não respondidos; usam-se pessoas e relações para motivar ou estruturar a vida interior.

O ideal seria que essa tensão entre o processo de integração interno e os processos relacionais se mantivesse de tal modo que se tornasse possível uma vivificação mútua, de dentro para fora e de fora para dentro.

*

Todos nós conhecemos essa situação em menor medida no fato de que, por não conseguirmos ou não querermos deixar de lado alguma coisa, fincamos pé e empregamos todas as nossas forças e energias – que, propriamente falando, deveriam servir para empreender um novo começo – como motivação para nos irar e revoltar internamente contra nós mesmos. Com isso, acabamos enrijecendo-nos, e nos tornando iguais a um corvo resmungão grasnando, visto que de maneira monótona seguimos proferindo sempre nossa ladainha sobre nossa infelicidade.

*

Alguma coisa, mesmo que não tudo, delegamos a outras pessoas, à autoridade, a alguém "que irá fazer isso", muito embora, no fundo, soubéssemos que também nós próprios teríamos a responsabilidade de fazê-lo, que isso faria parte de nossa vida.

*

Nossa identidade – e com ela também nosso ser-si-mesmo – está sempre na condição e necessidade de ser corrigida, tem de ser definida e aceita sempre de novo. Há muitas experiências no nosso cotidiano que acabam enfraquecendo nosso sentimento de valor próprio – há porém outras experiências que o fortalecem. Em relação a isso, muitas vezes ficamos muito aquém daquilo que gostaríamos realmente de realizar, sem adequar nosso conceito pessoal com as reais situações e com nossas reais possibilidades.

*

Mesmo quando nos desvinculamos de forma abrupta dos nossos pais, uma boa parte de suas características e aspectos interligados, bons e ruins, permanecem conosco.

*

A tarefa de vida que os pais deixaram de realizar torna-se uma tarefa de vida que os filhos têm que levar a cabo.

*

Por que é que damos mais atenção quando as crianças estão doentes do que quando se alegram? Se quisermos ter pessoas alegres, então deveríamos propriamente reconhecer e estimular a alegria na mesma medida da atenção que damos a uma pessoa triste, e isso como sinal de que sua alegria alegra também a nós próprios. Quem sabe as crianças ficassem bem menos doentes se lhes déssemos atenção também quando são amáveis e alegres.

*

Simbiose e morte têm algo em comum. As nossas figurações coletivas do além são marcadas pelas nossas necessidades de simbiose; basta pensarmos em expressões como: "entrar na glória eterna" ou "ser acolhido por uma totalidade grandiosa". Nossas fantasias sobre aquilo que é o pós-morte – por mais distintas que sejam individualmente – tendem sempre a uma simbiose, na qual a existência individual será subsumida. Alguns temem, outros desejam, outros ainda constroem fantasias de que a individuação não será totalmente subsumida e supressa.

Morte e simbiose possuem ainda uma outra conexão, uma vez que a simbiose é buscada sempre no sentido de contrapor-se a uma modificação da vida: o medo e a angústia frente à modificação constante, diante do constante ter de despedir-se, do constante ter de morrer, nos faz procurar por algo perene – de que então queremos ter algo de *bem* estável – e isso nos faz buscar e anelar pela simbiose.

Assim, frente a todo e qualquer tipo de simbiose de longa duração, podemos perguntar: Contra que tipo de evolução essa pessoa está se rebelando? Existe um tipo de simbiose que faz com que a pessoa já não dê mais conta de enfrentar os desafios da vida em geral, uma vez que a vida exige que nós renasçamos sempre, que ousemos experimentar o novo, que nos decidamos sempre de novo e descubramos o que é que realmente nos pertence.

*

Os sentimentos de culpa, esses sentimentos dolorosos, torturantes, que nos desagregam de nós próprios, nos mostram que resguardamos sempre um resto de culpa e dívida, que não deveríamos ter ficado devendo. Há algum valor que não conseguimos levar à realização. No sentimento de culpa vem expressa também a tristeza por constatar que não somos tão perfeitos e ideais como pensávamos ser, ou também a irritação por não podermos ser tão bons como realmente gostaríamos de ser. Quando temos sentimentos de culpa, é porque estamos divididos, dilacerados, isto é, estamos sofrendo, em maior ou menor grau, por causa de um problema de identidade. Nós subvalorizamos o medo que diz respeito à dilaceração conosco mesmos e que acaba ameaçando nossa identidade. Começamos a nos justificar, procuramos bodes expiatórios.

Podemos também aceitar e acolher os sentimentos de culpa; e quando fazemos isso acabamos alcançando uma imagem de nós mesmos apropriada ao ser humano, uma imagem de um ser humano que pode suportar alguma culpa, que necessariamente tem de permanecer culpado.

*

Quando um aspecto apaixonante, dinâmico, é reprimido, se mantém na vida sem resolução, é natural que ao ser "desencadeado", ou seja, quando tem de desempenhar alguma função na vida, traga consigo não apenas seu lado positivo e construtivo, mas também aspectos destrutivos. Nisso, justamente o aspecto positivo pode criar as possibilidades para que se possam contornar o lado destrutivo que ali se manifesta.

*

Muitas vezes, temos a impressão de que, quando alguém procura se afastar de uma forma antiga de vida, ele começa a vivenciar justo seu "pior lado". Por exemplo, quando mulheres muito amáveis que se dão conta de que foram exploradas atribuem isso à sua ingenuidade, então começam a exercer seu lado dominador.

*

Penso que nos tornamos destrutivos toda vez que reprimimos agressões – no sentido de dirigir-nos objetivamente na busca de alguma coisa, e naturalmente também no sentido de um confronto e sobretudo de um confronto vigoroso. Nesse caso, resta apenas tomar uma solução frente a uma situação de "tudo ou nada", o que, via de regra, é uma solução destrutiva.

*

O fato de as mulheres terem uma identidade própria apenas derivada é considerado normal e desejável num sistema androcêntrico. E visto que apenas o homem é "valoroso", comunica-se à mulher que ela será uma mulher "normal" e atrativa, uma verdadeira mulher, quando é a mulher de um homem. Assim, a mulher acaba tendo um valor relativo. Ela poderá ser mulher de um homem, mesmo sem ter encontrado sua própria identidade – que, dentre outros fatores, é gerada também a partir do embate e confronto com as marcas impressas por sua mãe e pelo complexo de mãe. Nesse caso, ela se encontra cada vez mais fortemente dependente do reconhecimento dos homens – uma grande dependência.

Mas agora, ainda por cima, ela precisa disputar com outras mulheres, pois essas não só podem lhe roubar o marido como inclusive o direito à sua existência própria. Se o marido ou o pai precisa estar constantemente sustentando e dando apoio a uma mulher para que ela possa ter sua identidade, então é extremamente importante que ela seja a primeira, a melhor, a mais bonita de todas; pois, se ela não for a primeira, em certas circunstâncias já não mais terá essa confirmação. As mulheres que têm uma identidade assim derivada precisam competir muito mais com as outras mulheres – e também com mais desespero – do que mulheres com uma identidade originária, que demonstram muito mais solidariedade fraterna.

*

Filhos marcados por uma ligação positiva com o pai, que cumprem com prazer o que este lhes determina e dele esperam ser aceitos, se mantêm sendo bons filhos. Mas também podem ser tocados fortemente pelo fascínio do amor e do prazer que, na maioria das vezes, falta no sistema paternal. Em geral, podem ser românticos, podem gostar muito dessa situação, visto não terem vivenciado nada parecido ainda. Começam a escrever histórias, sentados em suas escrivaninhas.

Mas, de repente, podem ser assaltados por uma angústia apavorante, e poderiam muito bem tornar-se pessoas indolentes e ociosas. Eles próprios se acusam de terem feito muitas experiências prazerosas. O exagero de prazer só pode levar à perdição. Então todo romantismo já terá passado, e somente passam a escrever poesias quando se aposentam ou mais tarde ainda. Nessa ocasião voltam à carga total, adaptando-se; submetem-se novamente ao jugo. O próprio relacionamento que outrora parecia tão atrativo se transforma de repente em algo trabalhoso, em tarefa árdua, e a relação acaba se tornando algo extremamente difícil: o homem está totalmente modificado.

*

Com estratégias que lançam mão do menosprezo, o que se busca, via de regra, é proteger-nos contra a inveja, contra perturbações, diante de conflitos. O problema que se apresenta junto com essas estratégias é que acabamos criando um mundo circunstante totalmente desvalorizado, o que acaba desvalorizando também nossas relações. Nada e ninguém prestam, e quando partimos do fato de que se torna inevitável um certa aceitação das pessoas, mesmo vinda de fora, para se ter um bom sentimento de autoestima, continua valendo que nós somos aceitos por pessoas sem valor. E essa aceitação, naturalmente, continua não tendo valor nenhum. Na medida em que menosprezamos o mundo circunstante, também desvalorizamos veladamente a nós próprios.

*

Nós conhecemos essas situações: isso acontece quando um desenvolvimento vivo dá lugar a leis rígidas, que geram insegurança, angústia e medo, porque nós nos sentimos "quase já um tanto velhos", e portanto já não acreditamos ser capazes de mudanças criativas e positivas, e tampouco atribuímos às coisas essa possibilidade. Por isso, lançamos mão dos métodos que sempre utilizamos (inúteis) e vamos empurrando os problemas para frente. Através da força, portanto, procuramos manter de pé algo que já não se mantém por si mesmo, algo que precisaria urgentemente ser modificado.

*

Somos invejosos sempre que gostaríamos de ser diferentes daquilo que realmente somos, quando não estamos de acordo com nossa própria identidade, quando imaginamos não ter uma identidade própria, da qual poderíamos ter orgulho. Então, o poder externo e o egoísmo servem para encobrir o vazio que temos por dentro, e que está estreitamente ligado com essa falta de aceitação própria e falta de autoajuda.

*

Inveja, ciúme e rivalidade se desenvolvem evidentemente no solo do querer possuir e do querer manter a posse, e não no nível do querer autodesenvolver-se. Por trás disso, via de regra, encontra-se a ideia errônea segundo a qual o ser humano terá um bom sentimento de autoestima quando possuir algo que ele possa qualificar como sendo sua propriedade. A ideia de que o ser humano possui uma autoestima melhor, que na vida podem surgir sempre novas situações, que consegue entregar-se novamente a uma relação – com todas as crises – que as pessoas sempre podem se interessar por ele, é algo que deveria ser urgentemente difundido. Todavia, esse estilo de vida requer de nós muito "trabalho" e muito esforço, e exige de nós, sobretudo, que nos confrontemos repetidamente com as representações falsas que fazemos de nós próprios.

*

As pessoas que nos causam inveja acabam nos lembrando da existência de um elemento do si-mesmo que seria muito importante ser realizado para o desenvolvimento de nosso verdadeiro si-mesmo. Quando temos a coragem de reconhecer essa inveja, aos poucos, no confronto e embate com a pessoa que provoca essa nossa inveja, começa a mostrar-se e cristalizar-se qual a parte de nós mesmos que precisa ser desenvolvida. E quando conseguimos dar desenvolvimento a essa parcela de nós mesmos, tornamo-nos menos egoístas, e consequentemente tornamo-nos também menos invejosos.

Não se trata, de modo algum, de imitar a pessoa invejada, e transferir seu modo de ser para nossa própria vida. As pessoas que provocam nossa inveja poderiam muito bem ser pessoas que solidificam paradigmaticamente os valores que se podem desejar para uma sociedade. Esses valores não precisam necessariamente fazer parte de nosso verdadeiro si-mesmo, mas a inveja em relação a esses valores pode muito bem nos chamar a atenção para o fato de que isso poderia nos tornar mais integrados e melhorar nossa reputação.

Pessoas que despertam nossa inveja podem igualmente nos apontar para o fato de que temos de repensar o conceito que temos de nós mesmos, que nossos ideais, por exemplo, não correspondem às possibilidades reais ou que nossas representações, vindas da compensação de um sentimento problemático que temos em relação a nós próprios, acabam nos introduzindo num círculo de fracasso diante de nós mesmos. Mas também podem nos mostrar que essas compensações, que acabaram se tornando hábito, já não se fazem necessárias, visto que nesse meio-tempo nossa autoestima pessoal melhorou consideravelmente.

*

O ciúme de modo algum combina com amor, muito embora nos tornemos ciumentos sempre que estamos convencidos de estar amando, onde e quando alguém ou algo se tornou importante para nós. Mas é algo problemático a questão de saber se podemos chamar isso de amor. A pessoa muito ciumenta dificilmente é alguém que realmente ama; muito pelo contrário, é sobretudo uma pessoa que tem de ser amada, que precisa do apoio de todo mundo, precisa ouvir que ela é amável, é importante e significativa. Se a inveja remete a uma carência em nosso autodesenvolvimento e à necessidade de correção na ideia que temos de nós mesmos, então, o ciúme remete para uma carência na autoestima, para a falta de convicção fundamental de ser uma pessoa amável, uma pessoa que é digna do amor dos outros e do amor de si mesmo.

*

Deixamo-nos usar pelos outros, em geral, quando não sabemos dizer *não* ao nosso próximo, quando não sabemos estabelecer limites por medo de perder o amor da outra pessoa, e então sentirmo-nos separados do outro. Com isso, perdemos a autonomia que seria apropriada. Tornamo-nos devedores na tarefa vital de sermos nós mesmos.

*

É importante para nós, seres humanos, sentir nossos ferimentos, conhecer nossas inibições, olhar de frente também nossos poucos sentimentos de felicidade. É importante que tenhamos ciência de nossas dificuldades, pois muitas vezes são elas que perfazem nosso modo peculiar de ser – muitas vezes são nossos erros que nos dão nossa característica própria. É importante também que percebamos em nossas vidas o sofrimento e a infelicidade, que os sintamos e o aceitemos como parte de nossa vida. A percepção de nossa vida deve ser a mais verdadeira possível.

Mas é igualmente importante conhecer nossos pontos fortes, ver ou reencontrar, perceber os oásis de felicidade, onde eles se localizam em nossa biografia, e com isso saber que também podemos nos alegrar, que podemos ter inspiração e também servir de inspiração, que podemos ter esperanças, apesar de toda dificuldade que encontramos em nós e no mundo. Quando não tomamos essa atitude, acabamos nos identificando com uma imagem unilateral de nós mesmos, que nos prende na posição de pessoas que acabam se tornando vítimas dos outros ou vítimas da própria vida: vítimas dos pais, vítimas da própria história de vida, vítimas das circunstâncias da época...

Mas nós não somos apenas vítimas, também podemos conformar, agir e também conhecemos todos aqueles momentos em nossa vida – mesmo que tenham sido breves – onde nos sentimos cheios de vitalidade, satisfeitos conosco mesmos, em sintonia com o mundo. Também somos capazes de sentir alegria.

3
Autonomia: coragem para enfrentar a insegurança

Conquistar autonomia sempre tem algo a ver, também, com uma libertação feita passo a passo: o que estava amarrado e preso é solto e posto em liberdade.

A busca de autonomia retira seu valor de uma ideia ligada com o princípio de individuação: todo ser humano tem uma determinada tarefa que deve cumprir, uma tarefa que já é inata em sua vida, que é, em última instância, seu próprio destino. Para poder realizar essa *sua* tarefa ele precisa desvincular-se sempre de novo das dependências necessárias, que representam sempre também um auxílio na vida, e desenvolver-se a partir da desvinculação das mesmas.

*

Para poder tornar-se autônomo, às vezes é necessário ter muita esperteza, não só frente ao mundo circunstante, mas também frente a si próprio: é preciso, sempre, antever em que momento costumamos nos esquivar de dar os passos necessários à autonomia quando se busca recuar e responsabilizar um outro por isso. É preciso sempre de novo ser astuto para consigo mesmo, a fim de que, apesar do medo, da angústia e das decepções, retomemos o caminho e sigamos em frente.

*

Faz parte essencial de cada passo na direção da conquista de uma maior autonomia abandonar algum laço, e com ele deixar de lado alguma segurança e alguma limitação, e assim adentrar na insegurança, sentir-se desorientado, o que vem acompanhado em geral com certo grau de medo e angústia.

Há quem se conforme melhor com a insegurança, com situações de imprevisibilidade, sobretudo quando vêm acompanhadas da curiosidade de se saber o que propriamente a vida teria planejado para ele nesse momento. Há quem tenha dificuldades para lidar com tudo isso. Entre outras coisas, o poder-lidar-com--isso depende também da quantidade de vezes que a pessoa já se confrontou com tais situações, pontos em que não se sabe como as coisas vão se resolver, como avançar; quando já se aprendeu, portanto, que a vida sempre acha uma saída e vai em frente.

*

A necessidade de ter-de-separar-se, e, ligado a isso, do ter--de-tornar-se-si-mesmo, o medo da separação que acompanha esse processo e que tem de ser superado, são temas que acompanham nossa vida.

*

Enquanto nos apoiarmos nos valores e posturas tradicionais, em alguma medida estamos seguros, ou pelo menos pensamos estar, mas não somos realmente autônomos, uma vez que esses valores tradicionais nem sempre coincidem com os valores que são válidos e aplicáveis à própria personalidade. Assim, é preciso analisar e testar também esses valores e posturas, e é o que, via de regra, fazemos quando deixamos de lado imediatamente as situações onde esses são aplicáveis.

*

Que autonomia e a busca por autonomia desempenham um papel importante na vida humana mostra-se no fato de que autoafirmação e dependência, individuação e relacionamento, autodeterminação e determinação alheia – e com isso a questão da responsabilidade – são temas com que nos ocupamos dia a dia, existencial e emocionalmente, e, naturalmente, também com o pensamento. O agir autônomo vem acompanhado com sentimentos de atuação pessoal, de sentir e assumir culpa, mas também sintonia e acerto. Com o rol de temas ligados à autonomia, invoca-se igualmente a temática da liberdade, mas a própria liberdade é sempre desejada e está sempre em perigo.

*

As separações não são provocadas e sofridas por apenas um dos parceiros, mas são vividas sempre pelos dois lados. Separações dos filhos crescidos de seus pais são problemas de separação que dizem respeito aos adolescentes *e* aos pais, significam uma convocação para uma nova autonomia para *ambos* os lados. Naturalmente, a separação é vivenciada de modo diferente pelas pessoas que se separam, dependendo da situação em que se encontram na vida. Assim, para o adolescente parece que o mundo está aberto à sua frente – e no mínimo ele começa a fantasiar – enquanto que os pais se voltam para a fase do envelhecimento e têm de renunciar aos estímulos que os jovens trazem para dentro de casa. É claro que eles têm a chance de criar um novo arranjo consigo próprios e em relação à parceria, o que passa a ganhar um novo significado. Por isso, para aquele que "fica para trás", na maioria das vezes, a separação se torna algo difícil de sustentar; mas trata-se de uma situação vivenciada por ambos os lados – ali todos gostariam de evitar a separação, visto que vem acompanhada da perda de segurança, criada pelo hábito.

*

Não é só nos relacionamentos que a autonomia tem um papel importante: nós gostaríamos de não ser determinados tão decisivamente por nossos próprios complexos, por nossos próprios instintos; e na medida do possível gostaríamos também de conquistar autonomia em relação ao nosso inconsciente, esse é o objetivo do tornar-se-consciente. Mas usamos isso também para evitar o medo e a angústia, uma vez que tudo aquilo que não conseguimos ver com clareza, que nos ameaça e nos torna vulneráveis, nos causa medo e angústia. Num terceiro momento, gostaríamos de ser autônomos também em relação ao que aprendemos, frente às regras vigentes, por exemplo, ou frente à visão de mundo que adquirimos.

*

Tornar-se autônomo é algo que nos é exigido, sem sombra de dúvida, como ideal e como reivindicação de nossa vida. Mas uma vez que a autonomia, em todas as suas formas, vem ligada sempre também com um processo de distinção e separação em relação ao outro, gerando assim perda, sentimentos de culpa de um lado, e de outro, sentimentos de mágoa, com medo e angústia frente à separação, de ambos os lados, via de regra, procuramos evitá-la.

*

Os nossos desejos são elementos importantes no caminho da autonomia, os desejos nos desinstalam de nossas comodidades, não nos deixam desanimar quando estamos atravessando algum período de aridez. Toda vez que nos deixamos conquistar por um desejo ou anelo, mesmo que esse venha fortemente marcado com a atmosfera e o humor de nossa origem, temos a coragem necessária para enfrentar o desconhecido.

*

O que está em questão no processo de desenvolvimento do ser humano nunca é apenas a autonomia, mas a polaridade entre ela e a proteção.

*

O processo de desenvolvimento que busca mais autonomia segue a lógica que reza que os aspectos que são deixados de lado nesse caminho são recuperados pela própria vida.

*

Como todo e qualquer complexo, também o complexo do eu apresenta um aspecto de evolução e um aspecto de inibição. O aspecto evolutivo seria perceptível na evolução rumo a mais autonomia: na autorrealização, na expressão de si mesmo, no incremento da autoconsciência, na capacidade e no exercício da autoconservação, no enfrentar riscos, ao melhorar a forma de tomar contato consigo mesmo. Ao contrário disso, o tema voltado à inibição poderia ser reconhecido em conexão com determinações alheias e, quiçá, de fora, através de estruturas sociais como as relações humanas concretas e, de dentro, a partir de complexos cindidos.

Muitas vezes fica difícil dizer se somos determinados a partir de fora ou a partir de dentro, uma vez que esses complexos cindidos encontram-se projetados, e seguidamente temos a impressão de sermos determinados absolutamente de fora por forças alheias. Quando sentimos isso, é importante avaliar quais são as dificuldades psíquicas próprias que costumamos projetar no mundo exterior. Mas isso não significa que possamos declarar que as estruturas coercitivas de nossa sociedade seriam apenas percepções de complexos. Devem ser percebidas e modificadas do mesmo modo que as estruturas coercitivas em nossa psique.

*

É natural então que se pergunte: Qual o sentido dessa autonomia, dessa busca de tornar-se cada vez mais autônomo? Será que o que está em questão ali é que o ser humano possa realizar a si mesmo, que o empuxo da individualização – que segundo Jung é um instinto – seja satisfeito, ou será que através desse empuxo pela individuação se modifica também algo coletivo? Modifica-se alguma coisa também para a evolução da humanidade, no sentido de ser um incremento das possibilidades de vida, das chances de agir e pensar, fazendo com que surjam novas formas de relacionamento, radicadas menos no poder e na impotência, e mais na parceria e no companheirismo?

*

Tornar-se mais autônomo é um processo que dura a vida inteira. E visto que a autonomia diz respeito a uma infinidade de âmbitos da vida, jamais seremos completamente autônomos, mas apenas iremos nos encontrar num nível de autonomia mais elevado que o anterior. Por isso é correto falarmos de autonomia *e* dependência, ver-nos como pessoas que têm de mover-se sempre num campo que inclui tanto autonomia, que precisa ser delimitada cada vez de novo, quanto dependência. Em última instância, trata-se de encontrar um equilíbrio cada vez mais harmonioso entre autonomia e dependência, entre autonomia e novas relações.

*

A busca exagerada por autonomia pode também sobrecarregar a pessoa, uma vez que há coisas e situações que não podem ser suplantadas apenas pela própria vontade, nas quais é inútil todo nosso esforço. E, no entanto, parece-me que é precisamente esse esforço de buscar alcançar, inclusive o que parece ser impossível, um pré-requisito importante, que constela o auxílio que pode provir do outro lado. Quando se busca resolver as coisas por vontade própria, o que importa é reconhecer os limites das forças próprias, e aceitá-las. Mas também importa reconhecer que há certas coisas que nos são dadas de graça, sem merecimento, quando fazemos aquilo que estava ao nosso alcance.

*

É questionável se, em todos os casos, essa situação obedece a uma regra: que, quando, a partir de nossas próprias profundidades, somos determinados por um impulso de desenvolvimento, nos tornamos menos dependentes de normas exteriores, portanto podemos desenvolver-nos internamente com mais leveza e facilidade para dentro da autonomia.

*

É muito importante e natural que desenvolvamos dentro de nós também os aspectos infantis, pois é muito comum ser precisamente nosso lado criativo o que guarda e deslancha nosso futuro. Mas é importante vivenciar esse lado infantil no momento certo, quando nos é oferecido e não apenas quando nossa vida de adultos se torna por demais penosa para nós.

Sempre que somos assaltados pelo complexo materno, voltamos a recair e reincidir no papel da criança, e acabamos abandonando uma parte da autonomia que conquistamos com muito sacrifício. Isso pode ter consequências negativas, na medida em que abdicamos da responsabilidade; todavia, esse fato pode ter igualmente consequências positivas, uma vez que, nesses casos, não determinamos nossa vida a partir da consciência do ego, mas somos sustentados por algo maior. A questão a ser colocada é, nessa situação, o que pode promover mais a vida: ser e agir como autônomo ou, em última instância, confiar-se a um princípio originário sustentador, na esperança de que a partir da proteção experimentada ali possa surgir e cristalizar-se um novo objetivo de vida.

4
Crises como pontos de inflexão

> *É muito natural que não gostemos de abandonar nada, que não gostemos de deixar que nada do que amamos morra. Mas a vida continua a resguardar sua vitalidade precisamente quando conseguimos deixar que algo volte sempre de novo a morrer.*

O fato de estarmos enraizados, de muitos modos e, de acordo com nossa própria história de vida, de maneiras totalmente distintas, é algo que só nos fica claro quando sentimos ter perdido as raízes, que nos pareciam tão óbvias e evidentes; quando nos damos conta de estarmos desenraizados, quando mudamos de residência, de emprego, quando mudamos o círculo de nossas relações e de repente temos de nos adaptar a novas situações. Há muitas raízes que não são importantes, algumas nós próprios vamos cortando no decorrer da vida, quando buscamos por mudanças, quando buscamos novos relacionamentos, quando a visão de mundo que tínhamos vai ficando por demais estreita. E nessas situações é comum sempre experimentarmos um tempo de "desenraizamento".

É um tempo de inquietação, de insegurança, de busca e, assim, também de angústia e medo, quando temos plena consciência do que deixamos para trás, do que perdemos. Na medida em que nos enlutamos, percebemos que perdemos alguma coisa que era valiosa; na medida em que acolhemos os sentimentos complexos da tristeza e do luto também nos desligamos das antigas raízes, e criamos as condições para novos enraizamentos. Se não nos enlutarmos não poderemos nos despedir corretamente do passado, e continuamos propensos a "reatar as raízes do passado", permanecemos empacados numa situação de passagem: já não existe a antiga situação, e não conseguimos formar uma nova, visto que não confiamos nela.

*

Saber se uma crise pode vir a ser uma chance para começar a renovar nossa própria identidade, se conseguimos sair de uma crise com novas possibilidades relacionais, com novas dimensões para vivenciar o si-mesmo e o mundo, e até adquirindo novas experiências sensoriais e com a consciência de ter-nos tornado mais competentes no trato com a vida – o que significa que já não mais estaríamos simplesmente expostos e entregues à vida –, isso tudo depende essencialmente do fato de conseguirmos ver a crise como uma situação de vida onde pode ocorrer e tornar-se decisivo um processo existencial importante, ou se na crise nada mais conseguimos ver do que um efeito colateral importuno em nossa vida, do qual procuramos nos desfazer o mais rápido possível. É essencial, portanto, tomar conhecimento de que todo esse processo pode ser o fator desencadeador de uma mudança fundamental.

*

Todo ser humano tem de enfrentar sempre de novo problemas na vida, que ele tenta compreender e resolver lançando mão das "antigas" categorias aprendidas pela experiência e das antigas estratégias de solução de problemas. Os novos problemas que vão surgindo em nossa vida são resultado do avanço incessante de nossa idade; é assim que conhecemos as crises de desenvolvimento, que podem ter um desenrolar-se mais ou menos dramático, desde a crise da puberdade até a crise da velhice. Mas nós conhecemos também as crises que nascem de desafios que não nos sentimos em condições de afrontar. Em geral, pensamos que essas crises provêm de fora: desafios profissionais, exigências no âmbito da família, mudanças, aposentadoria... As exigências provindas de fora podem ser tão prementes e exigentes porque, em vista delas, exigimos demasiadamente de nós mesmos. Num âmbito mais abrangente, as crises provocadas por essas exigências estão naturalmente conectadas com as evoluções e ameaças sociais. Por fim, experimentamos também crises ligadas à desilusão em suas mais diversas formas, pela mudança sentida no próprio corpo, pelas enfermidades, pela chegada da idade; mas também a perda ligada ao trabalho se caracteriza como uma grande perda.

*

No bojo da própria crise, em sua essência como restrição e como aguçamento, encontramos um núcleo que aponta para uma ruptura e travessia: na crise podem ser experimentadas novas possibilidades de vida e novas qualidades de vivência, ou então se dá uma derrocada geral, da qual muitas vezes se busca uma saída pela morte.

E visto que nessa situação emocional de opressão a vida, por assim dizer, centra-se num problema capital, que carrega consigo tanto um aspecto inibitório quanto um aspecto evolutivo, os aspectos de vida que carecem de elaboração, e que têm de ser integrados junto com os problemas que os acompanham, são vivenciados de forma muito mais aberta do que em situações com menor grau de pressão.

*

É precisamente nisso que se aninha uma oportunidade na crise: nossos conflitos, nossos complexos, mas também as forças ligadas a essas situações, as possibilidades criativas ali desencadeadas aparecem de forma muito mais clara – muito menos veladas pela rejeição – do que na época que precede e que sucede a crise.

*

Geralmente, uma nova irrupção traz consigo dois movimentos paralelos: trata-se tanto de um irromper, quando de uma ruptura, e há muitos âmbitos da vida que são atingidos por essa modificação repentina. A irrupção de novas possibilidades de vida nos enche de esperança e de alegria, de euforia; a ruptura do que nos era familiar e conhecido nos enche de angústia, medo e tristeza.

*

Em situações de nova irrupção, nossa identidade se vê submetida a uma prova dilacerante: o que era antigo já não tem validade, e o novo, apesar de ser fascinante, ainda não é palpável, e além do mais ainda não sabemos distinguir se essa novidade é algo simplesmente novo ou se tem valor para a vida. Essa situação é típica de períodos de transição, o que gera uma sensação de angústia e medo difusos. Todavia, é preciso tomar sobre si essa angústia e medo, é preciso enfrentar essa situação de risco. Se reprimirmos o medo e a angústia, se ficarmos choramingando pelo passado, acabamos perdendo a oportunidade do futuro. E acabamos perdendo a vitalidade, não conseguiremos resolver os problemas que nos afligem e aceitar os avanços que nos aguardam. Quando sufocamos o medo e a angústia, soçobramos a uma angústia e medo geral frente à mudança que se mostra no fato de que nos mantemos aferrados, que as coisas podem continuar como sempre foram, que, apesar de serem necessárias pequenas mudanças, sempre dispomos de um caminho de saída etc. etc.

Sufocar genericamente o medo e a angústia significa que não percebemos estarmos talvez diante da iminência e necessidade de uma mudança fundamental da vida. Então, em certas circunstâncias, nos empenhamos decididamente em problemas ligados com o passado e esquecemos de lidar com os atuais.

*

Começa a surgir uma nova visão psicossomática, no sentido de que podemos perceber a mútua influência entre corpo e alma, que dores psíquicas acabam gerando também doenças físicas, mas também que fatores do mundo circunstante desempenham um papel importante nesse processo todo. Nesse modo de ver as coisas, o corpo não pode mais ser visto simplesmente como uma máquina que ao adoecer é levada ao médico. Mesmo nas enfermidades, o corpo continua sendo *sempre e cada vez minha própria carne e corpo*, com o qual vivo dentro de meu mundo circunstante, ao qual confio em certa medida. Em minha enfermidade se expressa minha existência atual. Através da enfermidade podemos entrar em diálogo conosco mesmos, com partes de nós mesmos que estão bem distanciadas de nós. A enfermidade é uma parte de nossa existência, a experiência existencial pela qual nos vemos confrontados com nosso passado, com a morte.

*

É um fator muito positivo quando nós, seres humanos, nos responsabilizamos também por nossas enfermidades, quando consideramos que elas são um aviso para que criemos um melhor equilíbrio ou que nos defrontemos com o fato de *termos de morrer*, de *termos de viver sempre nos despedindo*; o outro lado da responsabilidade são os *sentimentos de culpa*.

É muito comum encontrarmos pessoas que vivem com plena consciência de seu corpo. Essas pessoas não consideram seus corpos como escravos de galés, dos quais tudo se exige, sem dar nada em troca; eles levam a sério as manifestações do corpo e buscam configurar suas vidas de uma forma um pouco menos hostil em relação a ele. Além do mais, procuram solucionar seus problemas psicossociais, têm "plena consciência do mundo circunstante". Claro que, apesar disso, continuam a ter de lidar com as doenças. Elas continuam a ter gripes, a furar o pé em algum espinho. Mas já essas ínfimas enfermidades são ocasião de se perguntarem pelo que elas continuam a fazer de errado em suas vidas. A enfermidade lhes parece ser uma falha que poderia ter sido evitada, se psiquicamente tivessem cometido menos falhas.

A responsabilidade, aqui, não é vista no modo como se *lida* com essas perturbações de equilíbrio, mas no modo como as *evitamos*. Quando isso não acontece, surgem logo os sentimentos de culpa. Não se foi capaz de corresponder à pretensão de formular sua própria vida do melhor modo possível.

*

Temos de lidar conosco mesmos e com nossa vida de maneira responsável, não importa se o que está se manifestando é um conflito psíquico, físico, social ou se isso se deu no trato com o mundo circunstante. Via de regra, sentimentos de culpa indicam muito mais que temos de nos confrontar com as respectivas situações de vida de maneira responsável, do que o que fizemos de fato e por que o fizemos. Por trás dessas questões, em última instância, está a ideia de que, se sempre fizermos tudo certinho, poderemos viver uma vida sem enfermidades e sem morte.

Existem também os assim chamados complexos específicos de cada idade: assim, por exemplo, na meia-idade (por volta de 40 a 50 anos), experimenta-se a morte como um complexo, e do mesmo modo o envelhecimento. Pessoas que anteriormente, de modo muito tranquilo, não se preocuparam muito com o envelhecimento e com a morte inevitável, e que tampouco fugiram quando se viram confrontadas com determinadas situações existenciais, às vezes mostram angústias, medos exagerados e

depressão frente a essa nova realidade. É só então que se vivencia existencialmente esse complexo, e que ele cria uma ligação direta com a consciência.

*

Frente a uma possível aproximação da morte, agora tudo mais passa a adquirir uma nova significação. É justo a sensação de que também aquilo que já foi vivenciado é algo que se tornou essencial, que faz com que essas pessoas atingidas por essa nova situação se abram para o futuro: para a morte ou para a vida.

Essencialmente, essa é a característica do momento que, na esteira da fase do enlutamento e da tristeza, eu chamo de "fase de uma nova relação consigo mesmo e com o mundo". As pessoas começam a aprender o que significa "viver se despedindo da vida", ou seja, viver de tal modo que se possa contar sempre com o fato de que também se tem de dizer adeus a essa vida, e frente a essa realidade procurar viver o mais intensamente possível. Assim, nós precisamos viver sempre como se estivéssemos nos despedindo, mas, nas pessoas que são ameaçadas por uma enfermidade, esse aspecto está muito mais presente na consciência do que no restante das pessoas.

*

Perder alguém, mesmo que seja através da morte dessa pessoa, sempre significa também que é necessário fazer uma reflexão sobre si mesmo. Em todo e qualquer relacionamento existe algo assim como um relacionamento-consigo-próprio, mas esse jamais consegue contemplar todos os aspectos do próprio si-mesmo. Quando morre um parceiro é preciso fazer uma reorganização pautada no próprio si-mesmo; essa é a função do processo de enlutamento. Mas nesse reorganizar-se, nesse refletir sobre si mesmo, encontra-se também uma grande chance: agora torna-se possível, novamente, refletir sobre a real missão primordial e originária de cada pessoa, o que o caminho da individuação exige de alguém.

Estabelecer um novo relacionamento, após ser abandonado, por um lado, pode significar realmente que voltamos a confiar na vida, mesmo que essa implique vivências terríveis de perda, experiências que já experimentamos na própria pele, que aceitamos o fato de a morte fazer parte da vida. Mas do ponto de vista simbólico, um novo relacionamento pode também significar que temos de nos ocupar agora com um novo aspecto de nós mesmos, com uma nova tendência, com um novo fascínio.

Toda perda abriga em si a chance de um novo começo, e esse novo começo oferece também a oportunidade para levar adiante o desenvolvimento de nossa autonomia.

*

O processo de enlutamento e tristeza é um movimento que nos distancia de uma pessoa que perdemos, e nos coloca novamente em condições de viver nossa vida. O afastamento deve ser de tal forma que aquilo que se vivenciou com essa pessoa não acabe perdido, mas de certo modo possa ser incorporado em nossa vida. Processos de enlutamento e tristeza acontecem quando da perda de uma pessoa que nos é próxima, na separação de alguma pessoa que é muito significativa para nós, mas também quando os filhos saem da casa dos pais por terem crescido, na perda do emprego etc. Nos traços de fundo, esse processo de enlutamento se desenrola sempre de maneira parecida, uma vez que deve ser visto como um processo de certo modo natural, que se dá em toda e qualquer pessoa humana, e que muitas vezes vem acompanhado de sonhos.

*

Quando essas pessoas que passam por um processo de enlutamento tentam, o mais verdadeiramente possível, recordar, redespertar o que foi sua motivação para esse período da vida que agora se foi – em valores, mas também em empecilhos de vida – acaba libertando a visão para aquilo que se torna possível no futuro, sobre o que é preciso se alegrar.

*

As consequências de um processo de enlutamento devem levar a uma aceitação de si mesmo na finitude – na possibilidade de erro pessoal – e só então a pessoa estará livre para novas configurações, poderá lidar criativamente com os problemas que irá encontrar pela frente.

*

São as perdas, as mais diversas, que, via de regra, desencadeiam as crises. A perda de uma pessoa próxima desencadeia uma crise existencial bastante específica. Através dessas perdas, nossa própria identidade fica abalada, parece que já não estamos vivendo nossa própria vida, já não compreendemos bem o mundo. Num processo de enlutamento, a partir de um si-mesmo comum, que foi edificado junto com essa pessoa amada, temos de reorganizar novamente nosso si-mesmo individual.

*

Precisamos nos enlutar, ou seja, ver precisamente o que se passou e em última instância também sacrificar e oferecer nosso anelo pelo passado.

*

Quando negamos a nós mesmos esse processo de enlutamento, acabamos nos cindindo dos mais vivos sentimentos, tornamo-nos depressivos. Na Europa Central, por exemplo, a depressão não é considerada como sendo digna de um varão, ou seja, o varão é um sujeito muito ocupado, muito bravo e dedicado, está por demais ligado com a alegria do desempenho para perder tempo com algo como depressão. Mas também isso acaba estabilizando a autoestima por certo tempo.

*

As pessoas que estão em crise podem entrar em contato com sua crise à medida que entram em contato com outra pessoa. À medida que essa pessoa ousa novamente abrir-se para outra pessoa, pouco a pouco acaba conseguindo suspender o estreitamento em que se encontra e que é próprio da crise. Mas, com esse processo, temos a chance de deslanchar o potencial de desenvolvimento que nos empurra para dentro da vida.

*

Pessoalmente, acho que é algo bastante do nosso feitio, a nós, seres humanos, não podermos acolher todos os impulsos que vêm ao nosso encontro. Mesmo assim, em nossas crises, sempre de novo somos interpelados pela própria vida para nos abrirmos novamente, para que nos orientemos segundo nossas possibilidades internas, a fim de poder solucionar nossos problemas externos com maior competência. Na maior parte das vezes, esse abrir-nos se dá através da relação que temos com uma pessoa, alguém que se permite ser implicado conosco na crise: as situações de crise começam a tornar-se produtivas quando nos abrimos a outra pessoa, num relacionamento.

5
Abertura para dentro

> *O que está em questão, portanto, é a totalidade, um abrir-se do eu para o si-mesmo, sem que o eu acabe se perdendo aí.*

No caminho rumo à autonomia, naturalmente, é preciso sempre de novo decidir-se em que momento insistir nessa busca, em que momento se tem de assumir realmente a responsabilidade e quando se deve simplesmente esperar, confiando que a natureza ou o destino promovam o crescimento da pessoa.

Um bom ritmo entre responsabilidade própria, assumir responsabilidade e confiança e entrega ao seu interior parece ser o segredo de um caminho de sucesso. Também em sua busca por autonomia o ser humano está ligado com a necessidade de decisões conscientes, por um lado, e por outro, à dependência de ajuda que vem da profundidade, de intuições e do surgimento de ideias. No campo das relações, a isso corresponde a ligação íntima que existe com a necessidade de ser-próprio, do empenho sempre renovado para tornar-se si-mesmo, e da inexorabilidade da dependência.

*

O processo criativo se inicia quando tentamos resolver um problema com os métodos antigos, mas sem alcançar sucesso. Então começamos a reunir informações para encontrar uma solução para o problema. Chega o ponto em que desistimos, pois no fundo sabemos que esse procedimento não vai adiante. Então começa a fase de incubação. Perdemos a concentração, o interesse imediato; no lugar da concentração consciente entra o inconsciente vivido; conscientemente sentimo-nos frustrados, angustiados, insatisfeitos, nos entregamos a fantasias que nos assolam, recordamos sonhos. Conhecemos essa fase de incubação também em decisões menores: de repente temos a impressão de não mais saber que caminho devemos tomar, sentimo-nos frustrados, chateados conosco mesmos, o sentimento de autoestima vai lá embaixo. Na linguagem comum do dia a dia temos uma expressão para designar essa fase de incubação; dizemos, por exemplo: "está fermentando dentro de mim", ou: "está rugindo em mim, mas estou tão indeciso, tão improdutivo". E de repente nos surge uma ideia de como podemos nos comportar.

*

A fase da pausa criativa, na qual se traz para dentro da vida o que antes fora excluído, é uma fase muito importante dentro do processo de cisão: a dissolução decisiva já está pronta, grande parte das antigas diretivas já perdeu sua validade, ainda não se tem em vista uma nova orientação, sentimo-nos desorientados; procura-se, mas sem grandes resultados. Chegamos ao ponto em que já não aguentamos, o esforço da vontade consciente atinge o ponto em que reconhecemos que estamos dependendo de um aceno do destino, de uma boa ideia, de um "estalo" salvador. Via de regra, essa fase está ligada com um retorno ao si-mesmo, onde cuidamos de nós mesmos, nos confiamos a uma totalidade maior, esperando pelo que poderá surgir daí.

*

Todavia, essa espera ativa, na qual temos a chance de liberar o impulso criativo provindo do inconsciente, momento em que esperamos pacientemente e cheios de esperança, ocasionalmente, e sempre de novo, é confundido com a espera passiva, com o deixar-se levar pela vida. Nesses casos, não há decisão, pois as pessoas não querem assumir nada na responsabilidade do eu.

*

Pelo desejo, sonhamos com um futuro que tenha uma ligação forte com nosso próprio ser; e isso é uma coisa muito importante, pois certos desejos costumam não nos vir à mente, mesmo quando não os impedimos. No desejo, criamos uma esperança para nós e a mantemos; os desejos expressam que acreditamos na possibilidade de modificar as situações: uma vez que, quando já não os temos mais, então já teremos nos resignado, e sentamo-nos acomodados, sem qualquer reação. O desejo é uma expressão da criança dentro do humano, e, então, uma das tarefas do adulto é confrontar-se criticamente com eles, uma vez que nos tenhamos dado conta dos mesmos; começar a distinguir o que é possível fazer e o que é devaneio, confrontando essas duas realidades e, assim, ampliando nossas próprias possibilidades.

Há ainda outros elementos que se ocultam nos desejos: a esperança profunda de que pode vir a acontecer algo que antes não conseguíamos ver sem nossa intervenção; a esperança de que é possível haver mudanças que não foram previstas, que não foram conquistadas pelo mérito.

*

O universo da imaginação é um mundo de possibilidades diversas, que também está dentro de nós. Nele se expressa o anelo humano pelo "Totalmente Outro" – em última instância, pelo divino – e também nossas possibilidades de experimentar esse "Totalmente Outro" e entrar em diálogo com ele.

*

A imaginação está diretamente ligada com o mundo concreto que experimentamos exteriormente, reproduz esse mundo, modifica nossa vivência, e assim também modifica por seu turno esse mundo exterior da experiência. Mesmo que a imaginação tenha muito a ver com nosso "mundo interior", quando é fecunda, ela jamais perde o contato com o mundo exterior; não permanece, no entanto, presa a esse mundo exterior, mas transcende-o.

*

A alegria libera a autoconfiança, promove nossa própria aceitação e a aceitação do mundo; é a emoção do abrir-se, do romper com os limites próprios, do transcender a si mesmo, que traz consigo um incremento de vitalidade. Ela repousa numa vivência em sintonia com corpo, alma, mundo partilhado com os outros, mundo circunstante, e quiçá sob o aspecto do crescimento, confiante e aberto para o futuro. Temos de nos dar conta da alegria, arranjar tempo para ela, refletir sobre ela e dedicar-nos a ela. Somos nós mesmos, estamos junto a nós mesmos, mesmo quando estamos fora de nós. O que está em questão, portanto, é a totalidade, um abrir-se do eu rumo ao si-mesmo (no sentido junguiano), sem que o eu acabe se perdendo nesse processo. Nós permanecemos sendo nós mesmos, mas o eu está aberto ao modo de fronteiras permeáveis.

*

O êxtase vai e vem, não é algo que possa ser controlado.
Tanto no caso da embriaguez quanto no caso do êxtase experimentamos grande proporção de excitamento interior. As fronteiras do eu são supressas, e o inconsciente tem passagem livre para irromper. Essa é a pressuposição para que nos tornemos uma outra pessoa, a possibilidade de transcender o cotidiano; mas isso está sempre sob a prerrogativa de ter de retornar à reali-

dade do dia a dia. É por isso que é tão importante a incorporação social do êxtase ou sua forma ritual: enquanto as fronteiras de nosso eu são suprimidas, uma rede de pessoas ou ainda a estrutura de um ritual poderá substituir a estruturação do eu. Pode-se afirmar também o contrário disso: quando nos mantemos fiéis a uma rede de pessoas, quando sabemos estarmos ligados a rituais, então não precisamos nos preocupar com nosso eu e podemos nos confiar e nos largar às forças da inspiração e do êxtase. Mas, uma vez que hoje e quase não mais conhecemos, nem sequer cultivamos, esses rituais coletivos em nossas práticas religiosas, temos a propensão de privatizar esses êxtases, como acontece por exemplo no vício das drogas, o que pode se tornar fatal no mais verdadeiro sentido da palavra.

*

O sentimento de vida que acompanha a inspiração é um sentimento de arrebatamento e de atingimento de algo que é muito maior do que nós mesmos. Agora já não estamos agindo a partir da identificação com o si-mesmo grandioso. Em tal situação, não dizemos mais que nós teríamos lançado mão de alguma coisa, que bastaria estender a mão e então tudo seria conformado de acordo com nosso desejo, mas, sim, que fomos tomados por alguma coisa que nós próprios só conseguimos descrever, figurar, apreender; através desse apreender, recebemos a força para agir, para formar, e assim conseguimos dar forma às coisas e a nós mesmos. Isso nos transmite um sentimento de sentido.

*

A inspiração não se esgota num sentimento de vitalidade, a inspiração é bem mais do que isso, significa entrar em contato com a vida através de um saber profundo, que ultrapassa em muito aquilo que nos é consciente no momento presente. Esse dom é designado como presságio; em todo caso, é chamado também como uma visão de futuro. Quando a nós, como filhos de nossa época, nos é demonstrado que já não dispomos de utopias e de visões de futuro, em parte isso é verdade no sentido de que não mais ousamos admiti-las, mesmo que tacitamente isso se deva ao fato de que estamos por demais propensos à amplidão e menos ao que é sublime e ao que é profundo. Isso, porém, não acontece apenas com as visões, isto é, essas imagens futuristas que despertam em nós o anelo, que estimulam a vitalidade, que são vivificadas pelas inspirações, e também por nossos sonhos.

*

O valor de uma utopia não se define pelo fato de que ela possa se tornar realidade no dia a dia *ipsis literis*, mas na quantidade de pessoas que essa utopia é capaz de mobilizar, pelas motivações que ela é capaz de desencadear. O universo da fantasia – o mundo dos símbolos – possui também dimensões que não podem ser simplesmente transferidas para o dia a dia, ele ultrapassa nosso mundo, sua função essencial encontra-se precisamente, também, em seus efeitos, que podem nos levar para além do cotidiano.

*

Sempre que entramos em contato com símbolos, atingimos igualmente uma situação existencial atual. Faz parte essencial da psicologia do profundo que a situação existencial atual – essa realidade cotidiana com a qual ela está às voltas – seja acionada sempre também no sentido de sua significação e de seu nexo de sentido. Esse modo de ser simbólico corresponde a uma imagem humana que compreende a realidade cotidiana do ser humano como estando enraizada num contexto imensamente grande – sendo que esse plano de fundo influencia a realidade cotidiana e vice-versa.

*

Simbolizar significa descobrir e trazer à luz o sentido oculto presente na situação concreta. O cotidiano concreto teria então um aspecto que se resguarda no fundo, e teria a ver sempre conosco mesmos.

*

No símbolo deve-se sempre levar em conta dois níveis: em algo exterior pode manifestar-se algo de interior; em algo visível pode manifestar-se algo invisível; em algo corpóreo algo espiritual; em algo particular, algo geral. Sempre que interpretamos, procuramos a realidade invisível por trás desse algo visível, junto com sua conexão. Nisso, o símbolo sempre designa uma superabundância significativa, de tal modo que jamais conseguimos esgotar seu significado.

*

Nossa alma representa a si mesma de modo diverso quando, por exemplo, cria uma fantasia de si mesma na imagem de uma fonte borbulhante ou quando se imagina num imenso oceano. Ambos os casos podem servir para expressar uma vitalidade interior imensa: de um lado na vivência da experiência de sentir-se assentado na própria fonte ou quem sabe até sendo a própria fonte da vitalidade, uma fonte abarcável pela visão, com a qual é possível lidar de maneira condicionada. No caso do mar, vê-se como participação num fundamento originário misterioso da vida, do ser, que nos ultrapassa em muito, que nos puxa para dentro da infinitude da existência, nos grandes ritmos vitais dos quais nós próprios fazemos parte.

*

Figuras de mandalas – que podem ser imagens circulares com uma estrutura bem simples, mas que também podem ser figuras bem complexas – são pintadas, de acordo com a experiência, sobretudo quando as pessoas se encontram numa inquietação interior muito intensa. O processo vivencial por elas transmitido é que, apesar de todo o caos, existe um centro, com o qual é possível sempre estabelecer uma referência, de que há uma ordem, que ainda é possível haver um ponto de concentração. Se observarmos com precisão o plano de fundo das figuras de uma mandala, em cada uma dessas figuras vem expresso que o indivíduo está inserido na totalidade da vida cósmica.

O surgimento dessas figuras de mandalas é a expressão de um processo psíquico de concentração.

*

Visto que o arquétipo do si-mesmo é o arquétipo central, ele acaba sempre vindo acompanhado de uma emoção específica, um sentimento de ser tomado por uma comoção, de um caráter absoluto de sentido, ligado com um sentimento de vida de um estar assentado-em-si-mesmo evidente e óbvio, e nisso também de vínculo com um todo maior. Esse arquétipo é vivenciado sempre de novo, e gera na pessoa um sentimento de concentração inesperado da personalidade. Mas as influências arquetípicas jamais são perenes.

6
Terapia como acompanhamento na caminhada

O objetivo mais abrangente a ser buscado deve ser o de tornar-se cada vez mais autônomo, aumentando a capacidade de relacionar-se, e ser cada vez mais autêntico.

Na terapia não se trata simplesmente de repetir e reparar a primeira infância. É essencial que ali se faça presente uma pessoa humana que permita a si mesma confiar e entregar-se a emoções menos agradáveis, tentando compreendê-las; que torne compreensível a razão de existência das mesmas e dela própria, que possui essas emoções e que delas sente ocasionalmente vergonha. Nisso tudo parece-me importante que nós, como terapeutas, não nos coloquemos em uma situação confortável – no sentido de pensar que "essa pessoa sempre teve de enfrentar dificuldades pela vida a fora, agora chegou a hora de eu lhe trazer-lhe benefícios" –, mas no sentido de criar para ela um solo materno nutritivo, levando a sério e formulando todas as manifestações dos sentimentos. Para isso se faz necessária uma confiabilidade emocional e não necessariamente uma presença contínua. Faz parte de uma confiabilidade emocional, a meu ver, que nós – mesmo quando nos sentimos interpelados como pessoas – retenhamos nossos próprios sentimentos, que, se por exemplo nos sentirmos irritados e interpelados, mantenhamos o controle de nossa irritação, sem a necessidade de fazer de conta que estamos pensativos. Isso significaria que temos de assegurar a essas pessoas, inclusive em sua relação social, que as emoções que estão sentindo são corretas, ou, se não fossem corretas, que devêssemos corrigi-las.

*

É muito comum termos ideias de como deveria ser a vida, e uma vez que muitas vezes a vida não corresponde a essas ideias, inconformados, acabamos não vendo também aquilo que é real. Pode ser que, nesse ponto, houvéssemos alcançado um tal estado de coisas que o eu acabasse desistindo por seu próprio impulso e vontade, e então pode configurar-se aquilo que tendia vir à luz, localizado no profundo das raízes, e que queria se manifestar. Recordemos que o eu e o si-mesmo fundamentam-se um ao outro; o eu, portanto, tem de encarnar o si-mesmo no mundo, o que significa que os estímulos, os impulsos vitais vêm à luz por si mesmos quando se dá um fluxo entre o eu e o si-mesmo. Mas quando o eu se aferra a algo, então, em certas circunstâncias, pode ausentar-se a função compensatória do inconsciente.

É só em situações em que o eu já não encontra saídas, quando as coisas se tornam bem ruins para nós, que nos abrimos para o que provém do inconsciente. É uma situação de morte e renascimento. Na terapia esse tipo de situação é muito comum. Trata-se de uma situação na qual o analisando ou a analisanda e o(a) terapeuta esperam por uma reação do inconsciente, seja como sonho, como um novo sentimento de vida ou então também como um sentimento de transferência do(a) analista.

*

Um dos objetivos da terapia junguiana é fazer com que as pessoas descubram seu lado criativo no nível de sua personalidade. Com isso, a ideia é fazer com que e deixar que a consciência

se abra ao inconsciente, a fim de que os complexos constelados sejam percebidos como ideias e não primordialmente como perturbações. Mas para isso, via de regra, é necessário dar estabilidade ao eu para que essas ideias possam ser sustentadas e ganharem configuração. É o que pode ser alcançado, lançando-se mão de diversas estratégias, dentre as quais também o relacionamento analítico que, no melhor dos casos, serve como um recipiente, representa uma estrutura que pode acolher e estruturar essas irrupções do inconsciente. Pode ser necessário igualmente vivificar o inconsciente. Para isso há diversos métodos de procedimento; a imaginação, por exemplo, é um método muito usado para estimular o lado criativo no ser humano.

*

Na psicologia junguiana fala-se que os complexos inconscientes são vivificados pela consciência, estando diretamente ligados a esta; com isso, novas imagens acessam a consciência e se pode vivenciar uma torrente de energia. Do ponto de vista prático, começa-se a falar sobre a forma de manifestação na qual um complexo inconsciente se mostra, por exemplo, como sonho, como fantasia, como um temor, como ideia, como um sintoma somático, ou, correspondentemente, se expressa como símbolo. Na maioria das vezes, esse processo vem acompanhado de sentimentos desagradáveis, angustiantes ou eufórico-angustiantes; começa-se a rejeitar esses sentimentos. E uma vez que, a essa altura, se está numa relação com o(a) terapeuta e com isso tem-se a certeza de poder abordar amplamente o problema em conjunto com um auxiliar/com uma auxiliar competente, fica mais fácil de admitirmos ter acesso a esses conteúdos do que quando estamos sozinhos. Assim, paulatinamente, é possível ir fazendo mudanças.

*

Para entrar em contato com os complexos, com os distúrbios, precisamos nos voltar para as fantasias, para os sonhos, para os modelos de relacionamento, para os símbolos em geral. O fato de os complexos, por assim dizer, se manifestarem através de fantasias, nos dá a oportunidade de fazer com que as forças inibidoras se transformem em forças pró-ativas. Isso se processa na formação dos símbolos. Nesse sentido, os símbolos são oficinas processadoras dos complexos. E essa é a razão, também, por que sonhos, imagens e toda a região da imaginação desempenham um papel muito importante na terapia, segundo C.G. Jung. Praticamente, isso significa que nos concentramos nas emoções e questiona quais são as fantasias, quais são as imagens que estão ligadas àquelas. Então, essas imagens podem ser pintadas ou trabalhadas com a técnica da imaginação, em todo caso, com a técnica da imaginação ativa. O essencial nesse processo é que o símbolo seja vivenciado e configurado e depois passe por uma interpretação.

*

Um inconsciente muito forte da mãe dificulta o afastamento da criança; ela continua imersa junto com o universo da mãe. O caminho da terapia para pessoas que têm essa realidade como plano de fundo, onde o inconsciente é muito ativo e cujo eu quase não tem força para se confrontar com o inconsciente – por exemplo, em pessoas com risco de dependência –, poderia ser visto de tal modo a se buscar o aspecto nutridor do arquétipo da mãe, mas que, aos poucos, passo a passo, vai exercitando a autonomia, a fim de que o eu não volte a ser "engolido". Esse processo pode ocorrer facilmente na transferência. E visto que a tendência a um comportamento exageradamente simbiótico se constitui num problema de relacionamento, dentro da terapia todas as formas de simbiose aparecem como problemas de transferência e de contratransferência.

*

Esse fato nos faz ver que, na psicoterapia, trabalha-se com o instrumental da transferência com essa percepção distorcida da realidade. As constelações dos complexos são transferidas para o(a) terapeuta, mas não no sentido de que um complexo é simplesmente transferido; o que se transfere é antes um modelo de relação, uma vez que todo complexo já está sempre numa relação com um eu. Quando esses modelos de relacionamento são compreendidos, então compreende-se também a criança, que sofreu esses choques dolorosos com o mundo circunstante.

*

Quando trabalhamos com capacidades imaginativas dentro da terapia, demonstramos que é possível trabalhar na configuração de nós próprios e do mundo por meio de imagens; através delas tomamos consciência de que essas imagens que formamos de nós mesmos e do mundo servem de fomento ou de inibição em nossa luta para vencer na vida.

Além do mais, nesse caso, mostramos que nosso trato com as emoções – que também são espelhadas ali – é muito essencial. Significa que é essencial para nós vivenciar realmente as emoções, porque, através delas, de um lado liberamos grande quantidade de energia para a ação, e, de outro, temos a oportunidade de vivenciar o relacionamento conosco mesmos. Nas imagens dos sonhos – assim como em todas as demais imagens – experimentamos que, por um lado, elas são uma enunciação de nós mesmos, e por outro, que podem promover mudanças na vivência do nosso si-mesmo e do mundo.

*

Nosso objetivo na terapia continua sendo fazer com que se lide criativamente com nossa própria vida, colocar-nos a caminho, mesmo que com períodos de estagnação, e sobretudo poder colocar-nos em harmonia e acordo conosco mesmos, como seres em devir, pessoas que estão em formação, com todos os seus antros e esconderijos, que são parte constitutiva de um ser humano. O objetivo é também assumir o risco de ser si mesmo, de arriscar-nos a sermos quem somos.

*

Jung vê o ser humano como alguém que, na prática vivenciada do processo de individuação – e isso acontece dentro da terapia –, deve vir a ser quem ele propriamente é, alguém, portanto, que está cada vez menos determinado pelas forças do inconsciente coletivo. Em lugar dessa determinação estranha, entra o diálogo entre consciência e sociedade, também o diálogo entre consciente e inconsciente. Talvez seja um processo sempre provisório, mas no decorrer do processo de individuação vai acontecendo uma evolução que gera mais autonomia.

*

O objetivo da terapia é acolher os impulsos de evolução que são estimulados pela e na psique. Com isso, as pessoas adquirem muito mais competência para lidar consigo mesmas e com as demais pessoas: elas começam a compreender a si mesmas, inclusive seus lados abissais e sombrios, cujas projeções podem ser reconhecidas com muito mais facilidade agora. O objetivo mais abrangente é, portanto, tornar-se cada vez mais autônomo, incrementar a capacidade de relacionamentos e tornar-se sempre mais autêntico.

7
Emoções: potenciais desconhecidos de desenvolvimento

Ter emoções significa que algo em nós está em movimento. Mas, uma vez que as emoções podem, inclusive, lançar-nos para além do estabelecido como meta, elas acabam gerando medo e angústia em nós e são recalcadas.

Quando falamos de emoções estamos falando de nós mesmos, de nossa identidade; quando vivenciamos, quando percebemos uma emoção própria, vivenciamos a nós mesmos de forma direta. Ou, dito de outra forma, o vivenciar nossas emoções significa sempre que está em questão nossa própria identidade. Nós próprios, como pessoas, estamos em questão *sempre* também ali. Quando já não queremos permitir sentir mais nenhuma emoção, quando tentamos afastá-las, tornamo-nos pessoas que já não permitem encontrar-se com ninguém. Não se permitir ter mais encontros com ninguém significaria já não mais sentir a si mesmo, mas também não assumir qualquer responsabilidade e deixar de agir.

*

A transformação através da emoção – o ser arrebatado pela emoção – é uma possibilidade humana maravilhosa, que, como qualquer outra possibilidade, pode nos levar para além de nós mesmos, mas que alberga em si também um perigo de soçobrarmos. Esse ser arrebatado pode ter efeitos tanto positivos quanto negativos sobre a vida.

*

De certo modo, carregamos conosco uma *história de emoções*, que é ao mesmo tempo uma *história de interação*, portanto uma história das emoções *conosco mesmos* e *com as outras pessoas*, ou com a história das emoções dessas pessoas. Significa que uma história das emoções conosco mesmos não pode ser pensada sem a história de nossos relacionamentos. Por exemplo, se sempre de novo se deu a entender à criança que ela era uma criança alegre, que ficávamos felizes quando ela se destacava, isso ficou gravado na compreensão que ela tem de si mesmo: a mensagem era que a criança era uma criança feliz, um ser humano feliz. Alegramo-nos ao vê-la. Se, quando criança, se disse a ela: "você é uma criança incômoda", então ela passou a compreender a si mesma como tal: "eu sou uma criança incômoda, um ser humano incômodo. Preciso fazer alguma coisa para que as pessoas tenham gosto em me ver". Essas são algumas das simples etiquetas emocionais que mostram que nossa história das emoções está estreitamente ligada com a história das emoções de outras pessoas, e não apenas com nossa vida atual, com nossas relações presentes e com nossos complexos.

*

Nós temos o costume de "fazer a leitura" das emoções a partir de sua expressão. Mesmo quando não verbalizamos o que "vimos", costumamos levar em conta o que vimos em nossas reações. Assim, por exemplo, quando percebemos que aquilo que falamos despertou alegria na pessoa que ouve, continuamos falando, e costumamos mudar o rumo da conversa ou abordar o conflito quando "lemos" que o outro ficou contrariado. Uma dificuldade nisso tudo é que, em geral, não permitimos que as emoções se expressem: tentamos controlá-las. As outras pessoas não devem poder ler nosso interior como se fosse um livro aberto. Mas quando nós controlamos demasiadamente nossas emoções, acabamos não mais partilhando com nossos semelhantes o modo como eles atuam sobre nós e como nós próprios nos sentimos. Com isso, dificultamos aos outros que partilhem sentimentos conosco.

*

Todo acontecimento carregado de emoção torna-se um complexo. Não são os grandes acontecimentos traumáticos que produzem os complexos; são as pequenas banalidades sempre de novo recorrentes que acabam nos ferindo. Quando os conteúdos do inconsciente são abordados no nível da emoção ou no nível dos significados, então ativa-se (constela-se) todo o conjunto dessas interligações inconscientes, juntamente com as emoções referentes a esse fato, a partir de toda a história de vida e com os modos de comportamento incongruentes que dali resultam e que se desenrolam de maneira estereotipada. À medida que o complexo se mantém inconsciente, esse processo mantém seu curso autonomamente. Quanto maior for a emoção e o campo associativo tanto mais forte será o complexo, tanto mais as outras forças serão empurradas ou deslocadas para a periferia.

*

O caminho do confronto e do embate com os complexos não poderá ser o caminho da defesa repelente nem o do controle. Trata-se, então, de trazer à luz esses complexos pela imaginação, vê-la e compreendê-la igualmente nos modelos do relacionamento e, então, integrá-la à consciência pelo trabalho feito nos símbolos.

*

Seguramente, no complexo encontram-se muitas coisas que se tornam empecilhos ao indivíduo em seu desenvolvimento pessoal; mas nesses complexos encontram-se também os gérmens de novas possibilidades de vida. Esses gérmens criativos aparecem sempre que aceitamos os complexos, quando permitimos expressá-los por meio da imaginação. Todos nós temos complexos, são expressão de interesses e temas vitais que podem se tornar também problemas vitais. Eles perfazem nosso aparato e disposição psíquica, do qual ninguém poderá se eximir.

*

No momento em que o eu consegue estabelecer e aceitar um contato com o complexo, vivenciar e configurar as imagens, as fantasias que surgem dali, então a energia que está ligada com esse complexo pode se transformar numa fonte de energia e vivificar o ser humano no seu todo.

*

O sentimento da inveja não representa apenas um ataque à nossa autoestima, ele também desempenha uma função extremamente importante para a regulação de longo prazo para o conceito que fazemos de nós próprios. Ele sempre de novo nos obriga a checar o que estamos fazendo com nossa vida, o que estamos realizando com nossos talentos, mas também se ainda temos olhos para perceber corretamente a nós próprios, se nos confrontamos conosco mesmos. Não podemos, portanto, nos dar ao luxo de continuar projetando a inveja "nos outros". Com isso, estamos nos privando de um elemento regulatório no sistema da autoestima, tornando-nos assim menos competentes para lidar com a vida, e, desse modo, muito mais propensos para o ódio, a vingança e comportamentos destrutivos dissimulados. Precisamos aprender a lidar com o sentimento da inveja de maneira mais fecunda. Mas para conseguir isso precisamos reconhecer em nós a presença e as manifestações da inveja.

*

Na inveja esconde-se a agressão, necessária para a suplantação criativa dos desafios da vida, para as mudanças; mas inalienavelmente ligada com a inveja está também a força da mudança.

*

A emoção da inveja é uma emoção que quer estimular nosso desenvolvimento. Mas o desenvolvimento e a evolução sempre vêm acompanhados de mudança, complicações, trabalho. É por essa razão que o desenvolvimento nem sempre é bem-visto, mesmo que da boca para fora nós o qualifiquemos como um programa muito atrativo.

*

O sentimento da inveja sinaliza-nos que já não estamos de acordo conosco mesmos. Ou bem precisamos fazer algo melhor de nossa vida, ou então temos de mudar a concepção que temos de nós próprios, adaptar melhor essa concepção à realidade ou então modificar a realidade.

*

Nós, seres humanos, sempre estamos cheios de medo, uma vez que somos vulneráveis. Em última instância, nossos medos e angústias estão enraizados no medo da morte, no medo de perder nossa existência ou, no mínimo, de não termos mais futuro. No medo e na angústia, o eu sente-se provisoriamente aniquilado. É o problema de identidade que temos quando somos atacados pelo medo: nesses casos, temos a impressão de estarmos aniquilados, de não possuir nenhuma autorização justificativa para nossa existência. Essa é a razão por que logo nos defendemos e rechaçamos o medo ou angústia, pois nós, humanos, não suportamos o sentimento de aniquilação.

Mas nós não temos apenas medos e angústias, também somos corajosos, podemos viver no enfrentamento da ameaça da morte. O fato de sermos mortais exige que, de certo modo, vamos deixando pegadas atrás de nós. Na maioria das vezes, nós somos capazes de lidar com esses sentimentos.

O medo e a angústia, sobretudo na forma de medo diante de grandes perdas possíveis e iminentes, ou frente a fracassos em todos os contextos de vida possíveis, vividos na forma de medo da perda do respeito próprio e da segurança pessoal, portanto, como ruptura de nossa vivência de identidade, nos indicam que fomos pegos por algum perigo. Tais sentimentos poderão então nos tornar ativos e nos estimular a buscar alternativas; eles forçam nossa criatividade. Mas, quando o medo é demasiadamente grande, pode nos paralisar; medo demasiado pode nos quebrantar. Também os monstros, o mundo mau, podem nos trazer medo; o medo torna o mundo muito mais mau do que realmente é.

*

Se reprimirmos o medo, acabamos sendo inconscientemente determinados por ele. Talvez não nos sintamos sempre com medo, mas somos visitados constantemente por temores. Nesse humor geral disfórico-angustiante, com certo matiz depressivo, fica difícil experimentar sentimentos de alegria, sentimentos de amor à vida em sua profundidade plena.

Precisamos de alegria, porque, quando nos alegramos de um modo bem natural, temos então um bom sentimento de au-

toestima. Em momentos de alegria não nos questionamos sobre a identidade, pois, quando estamos alegres, vivenciamos nossa identidade como inquestionavelmente segura, aceitamo-nos sem questionar em nossas alianças com as outras pessoas, com o mundo partilhado, com o mundo circunstante e com a transcendência. O medo e angústia empurra-nos para o isolamento, o qual porém procuramos evitar quando nos submetemos a uma autoridade; a alegria nos liga com nossos semelhantes e naturalmente também com nosso mundo circunstante. Todas as pessoas são capazes de alegria; mas quando reprimimos o medo, barramos o caminho e o acesso a muitas alegrias.

Há muitas razões, portanto, para olharmos de frente para nossos medos – na medida do possível, e para admitirmos abertamente que é importante sentir medo, que é igualmente importante aprender a lidar com o medo, a fim de que novamente aprendamos a ter esperança.

*

A esperança é por assim dizer o polo contrário da angústia e do medo. A esperança tem a ver com o fato de que nós não só somos ou existimos, não apenas fomos no passado, mas que nós ainda somos seres em devir; enquanto vivermos, a vida conserva essa dimensão de futuro.

*

A função capital da esperança é nos assegurar essa proteção na vida. Ela transcende, portanto, claramente o aqui e o agora. Na esperança, esperamos precisamente também pelo inesperado. Ela nos possibilita por assim dizer confiar no futuro, contra toda desesperança e contra toda lógica. A esperança não é racional, mas gosta de assumir riscos, está referida a possibilidades criativas de mudança rumo a um futuro melhor.

*

A esperança refere sua autoridade a partir de uma visão que ainda está oculta em seu conteúdo, que de antemão nós apenas adivinhamos, ou na qual nos arriscamos em confiar. Voltamo-nos, por assim dizer, a uma luz que ainda não se faz visível, mas que temos a impressão de que deva existir.

*

A diferença entre expectativa e esperança reside nisso, que na expectativa nós estamos concentrados em algo, excitados por algo, e na maioria das vezes até impacientes. Expectativa é mais impaciente, esperança é comparavelmente muito mais paciente. A esperança não quer logo, e incondicionalmente, que aconteça algo determinado exatamente agora. Isso é coisa da expectativa. A esperança permite que os acontecimentos venham ter com ela, tem um espaço de jogo muito maior, tem muito mais liberdade, e pode referir-se também a um futuro mais distante. A expectativa dirige-se de certo modo diretamente às coisas, enquanto que na esperança as coisas se dirigem ao ser humano. A expectativa está dirigida ao que se encontra próximo, a situação é representada como bem delimitada, concreta.

Mas isso também significa que as pessoas que são tomadas por uma expectativa já não estão disponíveis para outras pessoas, em sua expectativa estão orientadas para objetivos – ou até restritos a tal. Ali falta-nos precisamente a abertura para o futuro, que é característica da esperança; ao contrário, estamos fixados em algo que deve ocorrer. Mas quando esse algo não ocorre, então sentimo-nos decepcionados.

*

Se começarmos a observar como a psicologia profunda lida com as emoções pró-ativas, nos é imposta a ideia de que uma pessoa madura ou também uma pessoa que está no caminho de individuação não passa de uma pessoa séria, para a qual, inclusive, a meta do processo de individuação seria colocar o restante da vida em segundo plano – numa renúncia trágica, pela consciência da gravidade da vida – sem levar em consideração também o aspecto alegre, a leveza da existência.

*

É importante não continuar considerando as emoções pró-ativas como um suplemento, algo infantil ou até um atributo "feminino"; delas desfazer-se, portanto, como "um acessório", mas reconhecer que se trata de algo essencial: como a individuação sem simbiose continuaria sendo unilateral, também a individualização (*Vereinzelung*) no medo e na angústia seria unilateral, sem essa ligação pela alegria. Alegria, inspiração, esperança são tão importantes para a vida humana e para a compreensão do ser e da essência humana como a angústia, o medo e o luto.

*

A angústia empurra a pessoa para a individualização, mas a alegria é a emoção fundamental que a leva a criar vínculos e solidariedade.

*

Nós implementamos valores como solidariedade, que se tornam visíveis, por exemplo, na realização dos direitos humanos, admitindo e cultivando emoções pró-ativas e alentadoras.

*

A alegria é uma emoção que deve ser partilhada, e então ela se multiplica.

*

Parece realmente que temos muito mais disposição para a vida quando voltamos a nos alegrar, e isso significa também que temos mais força para oferecer resistência a tudo que é destrutivo.

*

Tudo que é configurado através da criatividade é uma vitória do sentimento carregado de vitalidade sobre o sentimento da angústia e do medo, que busca nos fazer calar. Nesse sentido, na criatividade, vivenciamos um constante confronto e embate entre os sentimentos que nos animam e nos jogam para cima e os sentimentos que nos fazem trabalhar duro na resistência e na contrariedade.

*

Quando a vida se sente bastante ameaçada, nem por isso a alegria desaparece; há ali situações de alegria específicas que podem ser claramente percebidas. Não é assim que nossas preocupações e dores simplesmente encobrem nossa alegria. Basta pensarmos em situações de guerra e, então, é comum termos a impressão de que justo diante de todas as preocupações e horrores da guerra acabou se desenvolvendo também a habilidade de fruir do momento presente e poder alegrar-se com isso.

*

Via de regra, as pessoas alegres não se sentem vítimas de outros seres humanos nem das circunstâncias, pois elas têm a coragem de dar forma a suas vidas. Faz parte essencial do ser humano querer dar forma a sua própria vida. Mas quanto mais resignados somos, tanto mais nos sentimos vítimas das circunstâncias. "O que é que eu posso fazer?" Quando conseguimos viver com um pouco mais de alegria, logo estabelecemos uma postura firme contra a resignação, uma vez que pessoas alegres não gostam de sentir-se vítimas.

*

Sentir alegria por sua própria competência, por suas próprias habilidades é um fator que tem uma ligação direta com a ascensão na profissão, no esporte, mas também está ligado com a ousadia de testar os próprios limites.

*

Poder alegrar-se tem tudo a ver com a capacidade de fruir do momento presente, com uma postura que não fica o tempo todo perguntando como será o amanhã, ou que se convence a si mesmo de que não adianta fazer nada, pois as coisas continuarão indo de mal a pior.

*

O sentimento pessoal que experimentamos quando estamos alegres é o sentimento de autoconfiança natural e óbvia. É o melhor sentimento pessoal que se pode vivenciar, que se depreende do fato de que aceitamos a nós mesmos nesse momento de alegria, aceitamos o mundo lá fora, o mundo interno e aceitamos a nós mesmos. É uma situação de aceitação, que vem carregada de esperança pelo devir. Pertence a essa autoconfiança natural e evidente sentir-nos importantes, sem precisar necessariamente fazer algo especial ou ser importante. Nesse sentimento de alegria é bastante natural termos importância pessoal. Essa autoconfiança natural e evidente e o sentimento de significação, sem precisarmos necessariamente ser importantes, leva a que sejamos pessoas abertas, que possamos nos abrir.

*

A alegria festiva da existência é um "sentimento presente da vida". Esse sentimento vital vai se tornando cada vez mais intenso quanto mais nos achegamos ao entusiasmo e ao êxtase. É um sentimento que não está voltado para o futuro ou para o passado, é um sentimento do momento presente. Essa é a razão, também, por que temos de poder deixá-lo solto, pois a alegria não é uma emoção perene.

Enquanto estamos no estado próprio do sentimento da vida presente não ficamos refletindo sobre o que nos sobrevirá depois de amanhã ou o que aconteceu no passado. E a partir dali abre-se uma grande oportunidade de sairmos da mesmice, sair da preocupação eterna pelo futuro, que nos tira toda força de imaginação e nos torna medrosos e angustiados.

Faz parte da alegria festiva da existência, além disso, uma afirmação natural da existência e consequentemente a fé na capacidade de mudança da vida, a fé de que a vida pode ser leve, de que existe uma riqueza incomensurável de descobertas a serem feitas, e que nós próprios podemos dispor de uma força de atuação inesgotável.

*

No júbilo, que torna nossas próprias emoções muito mais evidentes e claras, que liberta de inibições, podemos não encontrar apenas o caminho do que é correto, podemos também tomar o que é falso pelo que é correto. A intensificação das emoções não dá a nossas ações uma validade primordial; também nessa situação há que se resguardar um pouco de bom-senso.

*

O humor pró-ativo e positivo permite-nos também entrar em simbiose, estender-nos para o mundo partilhado com as outras pessoas, para a natureza, e quem sabe também para o cosmos. Mas pode dar-se também um movimento inverso: através do sentimento de autoestima que surge ali, através da autoaceitação é possível também que nosso eu se torne mais coerente. Essa coerência crescente é o pressuposto indispensável para nossa individuação, para nossa evolução rumo ao nosso modo peculiar de ser, a nossa soberania, e rumo a um confronto e embate consciente com nossa própria profundidade.

No plano de fundo, porém, encontramos a vivência da simbiose, experimentada na alegria, preferencialmente, com as outras pessoas, com o mundo compartilhado ao nosso redor, no êxtase compreendido também como simbiose com a natureza, com o cosmos, com aquilo que designamos para nós mesmos como "divino".

*

No fascínio, em última instância, encontramo-nos conosco mesmos, quando conseguimos não simplesmente nos deixar levar pelo fascínio, mas encontrar e retirar, passo a passo, daquilo que nos fascina o sentido para nossa vida. Então a intensidade do fascínio acaba diminuindo, e o fascínio se transforma em familiaridade, em afinidade e talvez até em amor.

*

A função do entusiasmo, do êxtase e também da criatividade é romper com os limites do que é experimentado concretamente, ultrapassando o que está fixo e o cotidiano. No fundo, significa apenas que podemos sempre de novo transcender nossos próprios limites, e podemos transformar-nos em pessoas diferentes. Fundamentalmente, no entusiasmo, no êxtase e na inspiração buscamos tornar-nos outras pessoas, e quiçá, com bastante clareza, transformar-nos em pessoas com mais vitalidade, que se sintam atingidas, que tenham energia suficiente para agir, que acreditem em mudanças, e, em última via, pessoas guiadas pela esperança.

8
Contos de fadas e sonhos: sinais indicativos vindos do inconsciente

> *No fim das contas, os contos de fadas nos ensinam que só estaremos a caminho de mais autonomia quando obedecermos mais aos nossos próprios chamamentos e inspirações do que ao pai e à mãe.*

Os contos de fadas se apoiam na esperança por mudanças, na mutabilidade da vida, apoiam-se também na consciência de existirem forças suficientes para fazer com que a situação se modifique para melhor sempre que necessário, basta procurar e encontrar essas forças. Deve ser essa a razão por que hoje em dia os contos de fadas voltam a ganhar atenção. Uma outra razão é que os contos de fadas falam na linguagem das imagens, e portanto despertam imagens também em nós, cativando e fazendo aflorar nossas capacidades imaginativas. Os contos de fadas não provocam tanto nossa reflexão lógica, mas, antes, nosso pensar integral, nossa capacidade de vislumbrar e sentir sempre a conjuntura total, pensar em nexos mais amplos. Eles interpelam o hemisfério direito de nosso cérebro e fazem frente a uma necessidade por totalidade, mas igualmente a uma necessidade pelo que não é totalmente transparente, pelo que resguarda certo mistério, o que abriga em si uma infinidade de possibilidades evolutivas. Eles nos levam a perceber e vivenciar a realidade em nexos mais amplos.

*

Ao entrar em contato com as imagens dos contos de fadas experimenta-se um fundo que nos dá sustentação; a história e o sofrimento pessoal são vistos num contexto e nexo muito mais amplos, são espelhados numa experiência que os humanos já sempre se viram obrigados a fazer. Com isso, a história e o sofrimento pessoal adquirem um novo significado.

*

Os assuntos e temas dos contos de fadas que nos tocam se transformam em símbolos de um estado psíquico nosso, que do contrário não conseguiríamos compreender. No símbolo de um conto de fadas os conflitos que não conseguimos verbalizar, que, via de regra, servem apenas para nos trazer desconforto, podem encontrar expressão numa imagem.

*

Uma das intenções dos contos de fadas é nos mostrar, sempre de novo, que existem mudanças maravilhosas, que coisas que não julgávamos serem possíveis, de repente, se tornam possíveis. Nesse sentido, os contos de fadas também servem para nos encorajar, buscam liberar em nós aquela esperança que confia haver mudanças maravilhosas, enfim, também transformações criativas.

*

Nos contos de fadas é comum o ir e vir do elemento milagroso, ali é possível ocorrerem guinadas que considerávamos totalmente impossíveis – "é simplesmente maravilhoso", dizemos, "parece um conto de fadas". E, internamente, também sentimo-nos contentes pelo fato de que nos contos de fadas podemos nos livrar de uma certa pressão da realidade, podemos sentir-nos cossustentados pela convicção de que sempre podemos nos deparar com soluções "fabulosas", soluções inesperadas – que são as soluções criativas. À medida que nos identificamos com os heróis dos contos de fadas, se solidifica a esperança de que também conosco os problemas podem ser resolvidos, que continua havendo a possibilidade de mudanças criativas. E com isso, os contos de fadas nos transmitem aquela coragem para olhar o futuro de que necessitamos para não ficarmos presos ao passado.

*

Do ponto de vista das emoções, os contos de fadas estão mais afastados de nossa vivência do que os sonhos, pelos quais, na maioria das vezes, nos sentimos responsáveis; mas os contos de fadas não estão tão afastados de nós emocionalmente a ponto de não nos tocar. Nesse sentido, o trabalho com os contos de fadas situa-se num certo espaço de jogo emocional que exige e provoca precisamente o desenvolvimento de nossa capacidade criativa.

*

Os contos de fadas estimulam o modo de avançar em nosso processo psíquico, sem exigir diretamente que esses estímulos sejam levados a efeito. Possibilitam uma reflexão sobre si mesmo no espelhamento como um todo ou em temas singulares dos mesmos, possibilitam o autoconhecimento e fornecem estímulos para se modificarem situações de vida adversas. No espelho de um conto de fadas podemos ver um problema pessoal – protegido narcisisticamente; pode-se "trabalhar" esse problema pessoal na projeção que se faz num tema do conto; lançando mão de algum tema do conto de fadas é possível começar a falar sobre nossa própria vida; pode-se lançar mão de algum tema dos contos para desencadear imagens próprias, e inclusive acabar se perdendo totalmente de vista o tema originário do conto. O trabalho com os contos de fadas permite perfeitamente esse tipo de liberdade.

*

Os contos de fadas nos ensinam que teremos vantagens e benefícios em seguir na direção de movimento das figuras internas inovadoras, que representam a força dinâmica e o respectivo tema em nosso processo de individuação; que devemos manter o contato com as mesmas, que frente a eles, porém, também mantemos sempre um resquício de autonomia. É precisamente a percepção dessa autonomia que impulsiona para frente o processo de desenvolvimento. Os heróis dos contos de fadas reivindicam mais autonomia frente às figuras orientadoras do inconsciente, sem desconsiderarem aquilo que elas recolheram em sua vida consciente. Isso se torna possível através do confronto e embate da consciência com o inconsciente, sobre a qual fala muitas vezes Jung: que ela constitui o fundamento do processo de individuação e é ela primordialmente que o constitui. É só esse processo de confronto e embate que constitui a vida já configurada. Mas o procedimento de sempre é apenas levar a efeito aquilo que dizem os sonhos, as intuições, isso pode não passar de obediência cega, uma enorme dependência, mesmo quando nos julgamos bastante autônomos e livres.

*

O trabalho terapêutico através de contos de fadas pode dar-se em diversos níveis. Podemos trabalhar com contos de fadas com os quais já sempre convivemos, que nos ligam com nossa infância e com nossa história de vida. Podemos ver nossa própria história de vida e nossa situação atual espelhadas nes-

sas narrativas. Além disso, podemos sentir-nos interpelados, sobretudo, pelos símbolos em nossa capacidade de simbolização, desenvolver nossas imagens através das imagens e figuras dos contos de fadas, de modo diverso. Alguns processos estacionados em nós podem ser movimentados à medida que se entra em contato com as figuras dos contos de fadas, ou seja, voltamos a ter esperanças. À medida que trabalhamos com esses símbolos experimentamos adicionalmente que nossos problemas são problemas existenciais comuns ao humano, e que têm solução.

*

Os símbolos são plurivalentes e multissignificativos – contos de fadas também o são –, e isso é algo excitante. Uma interpretação é correta quando vem acompanhada por uma vivência evidente e clara. Interpretação jamais exige uma verdade única. Uma interpretação é válida quando está fechada em si, e se consegue implicar nela os temas mais importantes do conto de fadas. Quando interpretamos os contos de fadas desse modo, esse procedimento acaba se constituindo numa reflexão lúdica sobre a vida, sobre as questões existenciais, sobre processos psíquicos.

*

Nos contos de fadas sempre existem proibições, mas para serem suplantadas. Do ponto de vista da autonomia, isso é bem significativo: pelo fato de o herói ou a heroína do conto de fadas ver-se extremamente restrito(a) em seu campo de ação, ele(a) se vê obrigado(a) a dar um passo a partir de sua responsabilidade própria, um passo que ultrapassa o que comumente faria. Eles mostram que através disso podem surgir problemas, mas que são precisamente esses problemas que tornam essencial esse novo caminho, que, na verdade, o perfazem.

*

Na ajuda dada pelo sapo, por exemplo, vem expresso, entre outras coisas, que a ajuda pode vir de algo inesperado, desprezível – basta estar aberto para ela. Há muitos contos de fadas que tentam nos demonstrar essa realidade. Com isso, eles relativizam a convicção difundida de que é só um evento extraordinário que poderá dar uma virada e oferecer uma saída à crise. Sabe-se que esses eventos extraordinários dificilmente acontecem. É muito mais comum que essas modificações aconteçam quando aprendemos a ver e a aceitar coisas que até o presente não víamos, aquilo que a vida nos apresenta a partir dela mesma.

*

Na maioria das vezes, nós, seres humanos, ficamos bem mais contentes quando encontramos "sinais indicativos" que nos apontam o caminho para vencer na vida. Os sonhos – os "sinais interiores indicadores do caminho" – têm a grande vantagem de surgirem de nossa própria alma e de nossa própria realidade, e não nos ser apresentados a partir de fora. Todavia, às vezes, é muito difícil compreender realmente esses sonhos, conseguir ler sua linguagem. Para compreendê-los temos de aprender a linguagem dos sonhos, temos de apreender a adentrar e a sentir essa linguagem imagética; permitir que as imagens se desdobrem em suas múltiplas facetas, fazer a ligação dessas imagens com nossa vida do dia a dia e estabelecer uma ligação com os acontecimentos emocionais de nossa vida diária. Mas é extremamente importante, também, que nos deixemos tocar pelas imagens de nossos sonhos, que deixemos que elas nos falem, que encontremos tempo livre para também acolher realmente essas mensagens vindas do interior.

*

Para compreender os sonhos é essencial que nos dediquemos fielmente à sua linguagem imagética, que voltemos a vivenciá-las, que prestemos atenção e percebamos nossos sentimentos, nossos humores que surgem dali, mas que também observemos as lembranças e as cadeias de ideias que elas fomentam. Assim, são aninhados numa rede mais ampla de recordações e expectativas, e acaba-se revelando seu sentido e seu significado.

*

Um símbolo, uma imagem própria de uma situação emotiva, sempre vem carregado de muitos significados, jamais pode-se esclarecê-lo por completo, e assim também as explicações que são dadas aos símbolos são provisórias; é só dentro de certas condições que correspondem à imagem especial com a qual sonhou essa pessoa. Toda pessoa que sonha tem *insights*, associações a respeito das imagens de seus sonhos, que lhe ajudam a estabelecer uma ligação com sua história de vida e com sua vida cotidiana. Para além disso, muitas imagens possuem também um significado que vale e é aplicável igualmente a todos os seres humanos. Nesse contexto, costuma-se falar de um significado coletivo.

*

Nossos sonhos pertencem a nós, seres humanos, como nos pertencem também nossos pensamentos, nossas intenções e sentimentos. São um importante aspecto de nossa realidade cotidiana; basta pensarmos como um "bom" sonho pode nos animar, pode nos trazer ânimo para enfrentar o dia a dia, e como, por outro lado, um sonho "ruim" nos traz inquietação e como levamos para dentro de nosso dia também essa perturbação, que inclusive, às vezes, parece ser pior do que realmente é.

Ora, esse sonho "ruim" pode ser de grande importância para nós: ele pode nos acordar, nos levar a ver uma situação vital com o ocular do sonho, e, uma vez na vida, olhar de frente para o que realmente estamos fazendo conosco mesmos, com nossa vida, com os outros seres humanos. A partir dessa perspectiva, não existem sonhos "ruins"; existem apenas sonhos que nos desinstalam, que nos despertam, que não conseguimos esquecer, que buscam nos dizer alguma coisa com grande premência, algo ao qual em nossa consciência cotidiana damos pouca atenção ou que não percebemos com muita clareza. Assim, os sonhos podem ser considerados sinais que indicam o caminho, que nos deixam compreender para onde avança o caminho, ou que nos confirmam que estamos na trilha certa.

9
Amadurecer no encontro com o tu

> *Jamais existe apenas o progresso da autonomia, de mãos dadas com isso sempre caminha também a evolução da capacidade de relacionamentos.*

O perigo presente na busca por autonomia consiste na questão de que se pode menosprezar o papel dos semelhantes, do mundo e dos relacionamentos. Nisso já pode se manifestar, porém, uma forma decadente da busca por autonomia: o dissociar-se de dependências que nos assolam é experimentado como uma separação total; a pedra de toque de todo e qualquer processo de evolução da autonomia, que tenha sucesso, consiste em que, frente àqueles relacionamentos que nos motivaram a algum pequeno avanço no processo de autonomia, nós possamos nos movimentar e, por fim, resguardar esses relacionamentos, enquanto parceiros que se tornaram mais autônomos. Se não quisermos que a autonomia se transforme em autismo, então devemos considerar os relacionamentos humanos como fatores propulsores, que animam ou dificultam e inibem nosso processo de desenvolvimento; mas também poderemos constatar que é só o relacionamento que mantemos com um tu que nos dá o estímulo necessário para tornar-nos um autêntico eu.

*

Parece que sempre nos encontramos postados entre a busca de simbiose e a necessidade de dissociação e de busca da individuação. Nisso tudo não devemos deixar de observar que, em comparação com a simbiose, a individuação nos transmite um sentimento de separação, mas também um sentimento de ser abandonado, um sentimento que talvez jamais abandone o ser humano desde a primeira infância – mesmo que acompanhado pelo orgulho em virtude dos primeiros passos autônomos. Esse sentimento de estar separado, de ser abandonado, pode nos impingir de volta à simbiose – ou, como assevera e exige sempre de novo Erich Fromm, pode ser subsumido pelo amor. O movimento que parte da simbiose em busca da nova individuação, que é bom que ocorra sempre de novo, deve ser complementado com um outro passo: o das relações e do amor "maduro".

*

O ser humano deve desenvolver-se rumo ao amor "maduro". O amor não é algo que simplesmente ocorre. Mas o certo é que esse amor exigido por Fromm – a relação mais autêntica possível entre dois parceiros – se torna algo cada vez mais provável quanto mais se veem surgirem e se sentem tendências à simbiose, de um lado, e de outro inclinações para a individuação.

*

Ao conceito de amor, de Fromm, acrescentei por minha conta o conceito de relação; não me parece ser a mesma coisa. Parece-me apenas que no caso da relação nós podemos aprendê-la, e também que podemos exigi-la mutuamente – mas o amor não pode ser exigido; no amor, para além da relação, acrescenta-se uma centelha, que não pode ser criada por nós. No meu compreender, relação não é buscar compreender as outras pessoas simplesmente como uma cópia de mim mesmo, mas como uma personalidade autônoma, com necessidades próprias; que me porto de maneira correspondente, que reajo a ela, que posso me confrontar com essa pessoa. A relação deveria levar ao ponto de se buscar encontrar, sempre de novo, um ponto de vista comum, um ponto que pudesse ser adotado e defendido por ambos, sem que um dos lados precisasse renunciar à sua integridade.

Mas, para além da relação, naturalmente há o amor, a centelha que não é factível que se apossa de nós e nos aponta um caminho que vai além de nós mesmos, e que suprime e subsume sempre de novo essa individualização. Isso também pode ser experimentado especialmente na sexualidade, na qual o ritmo da fusão e do voltar a tornar-se indivíduos autônomos é muito bem conservado.

*

O amor, portanto, não é uma coisa factível, ele acontece. Mas no âmbito das relações, e isso quer dizer na região da realidade cotidiana, com atenção e respeito, com nossas representações, com nossos desejos, podemos formar boas relações, podemos alcançar muitas coisas.

*

Saber que a mesma pessoa que tanto nos fascinou, a quem se supunha ter uma grande alma, é a mesma que no dia a dia "espalha" tantas meias pela casa inteira, isso seria a arte de amar.

*

Dentre outras coisas, o amor também faz com que possamos nos livrar de velhas amarras, e quando o amor é bem-sucedido faz com que os parceiros adquiram muito mais liberdade. Quando não é tão bem-sucedido, então os velhos padrões de comportamento fixos voltam a se manifestar em novas formas, em novas situações.

*

A visão de uma relação é uma visão da totalidade, um símbolo carregado de grande emocionalidade. Muitos problemas que temos uns com os outros devem-se ao fato de que já não mais nos permitimos ter esse tipo de visão, que sacrificamos esses anelos, que dizemos: "Esse tempo acabou, já passou". Então a vida se torna só "realista", e costuma-se formular resignadamente frases como "relacionamento entre parceiros consiste, pois, em lavar a louça, ir dormir juntos, cuidar dos filhos", e pensa-se que, com isso, se sacrificou as pretensões, frutos de ilusões. Mas com isso criamos um débito e uma culpa no amor, pois é precisamente a utopia do amor que se vive no dia a dia normal. Também podemos transcender esse dia a dia através do amor, e alcançar a festa.

Todavia, o dia a dia pode muito bem ser regido por um estado de segurança e proteção serena; mas há uma diferença clara entre a visão e a suplantação das dificuldades do dia a dia. Quando sacrificamos a visão e até nos orgulhamos de ter-nos tornado pessoas realistas, começamos inconscientemente a sobrecarregar o dia a dia com exigências incomensuráveis. Então, de repente, esse tipo de experiência da totalidade, do ser arrebatado, da santidade, da salvação, do poder-elevar-se-para-além-de-si-mesmo, deve tornar-se passível de ser vivenciado nas atividades comuns diárias, como o lavar a louça. Aparentemente sacrificamos ali o que nos parece desmedido, mas acabamos sobrecarregando o dia a dia – e com isso os problemas cotidianos elevam-se a um mais alto grau.

*

Há muitos casais que ainda não conhecem a dinâmica própria dessa parceria, que alterna fases de vida comum mais intensa com fases nas quais a individualidade toma o primeiro plano. É claro que essa dinâmica não é assim tão fácil de ser efetivada, visto que os dois parceiros não têm sincronicamente as mesmas necessidades. Amor significa, entre outras coisas, sentir "inte-

gralmente" com o companheiro, com a companheira, experimentar os sentimentos maravilhosos da totalidade, que chamamos de "amor", nessa situação, e que nos permitem ver nosso parceiro desfrutando totalmente de suas possibilidades de vida – e nós próprios experimentarmos o mesmo processo. É claro que nós gostaríamos de manter esse estado de totalidade, mas nos esquecemos que, mesmo que nessas situações estejamos dispostos a fazer juras eternas, ele é muito passageiro, e no máximo poderá retornar uma que outra vez.

Essa intimidade que muitas vezes ligamos com a díade da primeira infância é uma fantasia do desejo, uma utopia, que buscamos reafirmar em fases adultas. De maneira passageira, é possível sempre de novo experimentá-la, mas não de maneira permanente, do contrário iríamos nos perder a nós mesmos numa relação. E visto que costumamos experimentar essa fusão de um com o outro primordialmente nos encontros erótico-sexuais, nos relacionamentos externos damos grande valor ao fato de saber se "os dois" já dormiram juntos ou não.

Enquanto aprisionamos um ao outro, não iremos conseguir proteger a intimidade que procuramos proteger, muito pelo contrário. As fantasias ligadas à separação não devem ser evitadas, mas poderiam ser percebidas de forma menos angustiante, e seria preciso perguntar-se o que elas significam na respectiva relação.

*

Isso desenrola-se naturalmente também nos relacionamentos: ficamos assustados quando, de repente, uma pessoa muito ligada a nós tem um arroubo de autonomia, parece-nos que foi impelida por algo. E, muitas vezes, nos perguntamos: Que "diabos" deu nele ou nela? Muito facilmente também tornamo-nos vítimas de pessoas mais autônomas, quando essas fazem com maior autonomia e com mais segurança aquilo que lhe parece ser correto para aquela situação. Mas para não sermos vítimas quando lidamos com pessoas autônomas, precisamos nós próprios, por nosso turno, desenvolver nossa própria autonomia.

*

O nexo que existe entre nossa busca de autonomia com os complexos autônomos pode dever-se ao fato de que vivenciamos a autonomia de forma ambivalente: o impulso pela autonomia pode ser bastante coativo. Há que se refletir igualmente que, em geral, consideramos que nossas próprias necessidades de autonomia são consideradas por nós como mais positivas do que as necessidades de autonomia de nossos semelhantes. Passos dados rumo à autonomia costumam modificar as relações, e quando essas mudanças não são admitidas, acabam-se demonizando também as necessidades de autonomia.

*

Para evitar que surjam embates e confrontos nos quais se defendam posicionamentos distintos – o que possibilitaria, por seu lado, que após isso a unidade fosse mais significativa – há muitas pessoas que se amam que deixam de abordar uma infinidade de problemas e desejos.

Mas quanto mais se evitam essas separações cotidianas tanto menos precisamos ser nós próprios numa relação e tanto maior será a necessidade de que essa relação se abra também a outras pessoas, de tal modo que o relacionamento original acaba sendo ameaçado. Fusão entre os dois e retorno a ser si mesmo, ligação e acento na individualidade simplesmente fazem parte do ser humano. Nas relações estreitas, onde as pessoas procuram realmente confiar e entregar-se mutuamente, uma vez, o si-mesmo da relação deve assumir o primeiro plano, e, outra vez, o si-mesmo individual deve ocupar esse plano de frente. Esse retirar-se-mais--para-o-si-mesmo-individual é sentido como separação, mas são precisamente essas separações que permitem que possa surgir novamente a proximidade.

*

Desejos de separação dentro de uma relação de parceria não significam necessariamente que se deva ou se queira separar-se definitivamente desse(a) parceiro(a). Desejos de separação podem muito bem significar que no momento esse casal está por demais próximo, que está vivenciando demasiadamente o elemento comum, e que ambos estão se preocupando de menos consigo mesmos. Numa relação de parceria sempre está em questão cuidar do que é comum, a partir de onde deve surgir, em última instância, algo assim como um "si-mesmo comunitário", mas deve-se cuidar também de não descurar da própria individuação, do ser-si-mesmo. Se se descura demais do ser-si-mesmo, logo começam a surgir fantasias de separação e, seguramente, também fantasias sobre uma relação externa. Essas fantasias de separação são reprimidas, pois se busca salvar o amor, e não se quer deixar que se interponha nada que venha a nos separar da pessoa que se ama.

*

Amar pode significar também trabalhar um complexo que tenha efeitos destrutivos, e que costuma bloquear a relação.

*

As fantasias de separação têm muitas funções, na maioria das vezes estão a serviço da individuação, do ter de ser-si-mesmo. Mas elas liberam igualmente angústia e medo, que fazem com que não realizemos facilmente essas fantasias na realidade. O medo da separação cuida para que não sucumbamos logo na primeira fascinação que nos toca, mas, na maior parte das vezes, apenas às fascinações que são inevitáveis. Se transformarmos essas fantasias de separação em realidade, de repente acabamos transformando um parceiro potencial "interior" num rival exterior concreto, ou um(a) rival para o(a) parceiro(a). E então se manifesta a culpa, a pessoa que rompeu com o vínculo se tornou culpada, a pessoa que permaneceu "fiel" se tornou vítima. Mas, às vezes, a pessoa que rompe o vínculo não tem escolha: ou se torna culpado na relação de direito ou se torna culpado junto a si mesmo.

*

Quando o ciúme se torna um expediente recorrente, algo "normal", deve haver alguma razão para isso. É um distúrbio que eu gostaria que fosse compreendido como uma irritação, porque ele prejudica uma relação, mostrando que algo deve ser modificado nela, como também nas pessoas envolvidas. É natural que isso gere angústia e medo.

*

Toda separação é um desafio e uma chance para o desenvolvimento da autonomia; abriga em si a obrigação de tornar-se um pouco mais si-mesmo. Mas só é possível alcançar essa autonomia quando integramos na vida aquilo que foi poupado até o presente, na reação da qual se está se separando. Assim, o caminho para o incremento da autonomia já está sempre traçado por aquilo que não foi vivido até o presente. Mas o tom fundamental no qual nos colocamos a caminho da autonomia vem marcado por aquilo que foi vivenciado na simbiose, o que ali foi experimentado na segurança e proteção.

*

O que é estranho sempre de novo nos enche de fascínio e de medo. Quando se vai em direção ao estranho, se tem uma nova paixão; na busca e anelo por uma nova fantasia no relacionamento pode aparecer o que faltava na relação já estabelecida, o que talvez deva ser recuperado nessa, mas talvez também não. Diante dessa última situação, é natural termos medo. Mesmo assim, temos de nos perguntar se faz sentido continuar a manter uma relação que já não consegue fazer jus a necessidades psíquicas centrais, quando o desenvolvimento interior já não se torna possível.

*

Quando nós nos juntamos como um par, estamos esperando proteção, segurança, intimidade, confiança, carinho, sexualidade, amor, compromisso mútuo, fascínio perene, ou tudo junto? Por trás disso não está a ideia de que se devem satisfazer todas as necessidades, a utopia de uma felicidade perene? Claro que todos sabemos que em uma relação de parceria, a proteção caminha de mãos dadas com o desamparo, a segurança com a insegurança, a familiaridade com a estranheza. E mesmo assim, quando esses ideais não se realizam na relação a dois, reagimos com decepção, pensando que deve haver alguma coisa ali que não está bem. E assim é preciso se perguntar se ao redor dessa ideia da relação a dois não se aninhou algum mito, ou o aspecto atrativo do mito.

*

O que forma a base dessas imagens idealizadas das fantasias do relacionamento são as imagens mitológicas das bodas sagradas. Ligado com esse nível arquetípico vem também o fato de que nós, enquanto amantes, vemos nosso(a) parceiro(a), mas também vemos a nós mesmos, como Deus haveria de ter-nos imaginado, muito mais absolutos, mais "santos", mais sagrados.

*

O si-mesmo aparece muitas vezes retratado no símbolo da união dos contrários, muitas vezes no símbolo de um casal amante, e justo esse símbolo me parece extraordinariamente importante, porque nele vem expressa a vivência do amor, de plenitude, de anelo pelo ilimitado. E sempre de novo pode-se constatar que é muito difícil as pessoas conseguirem distinguir e separar o anelo por amor do anelo pelo si-mesmo. Quando somos atingidos pelo amor, esse sentimento vem acompanhado de um anelo que vai além da relação amorosa. Nessas situações constela-se o si-mesmo.

*

Muitas vezes, o anelo por totalidade pode se expressar numa fantasia erótica, no desejo de uma pessoa amada, que acaba não sendo satisfeito, mesmo quando essa pessoa está presente, quando se está mantendo inclusive uma relação amorosa com ele(a).

Então fica claro que, em última instância, no desejo amoroso não está em questão apenas o bem-estar do eu, não está em questão apenas a ligação com um tu, mas que, através dessa relação, experimenta-se o si-mesmo, uma dimensão da vida que ultrapassa em muito os dois parceiros da relação. Nesse contexto, pode-se constatar ainda que uma união sexual pode muito bem ser vivenciada também como espiritual, que místicos e místicas narraram sempre de novo sua união com Deus através de expressões erótico-sexuais.

*

Tornarmo-nos nós mesmos significa sempre também traçar novamente os limites entre o si-mesmo e o mundo, entre si-mesmo e o inconsciente. Essas fronteiras podem ser experimentadas, mas também podem ser ultrapassadas. Nas relações elas se constituem em pré-requisitos indispensáveis para uma relação eu-tu, na qual o eu pode distinguir-se do tu, e no âmbito interior elas dão proteção contra as inundações dos conteúdos inconscientes. Faz parte essencial da experiência dos limites a vivência do ilimitado, na total identificação pessoal com outra pessoa – na fusão emocional mútua que pode ser experimentada sobretudo no amor e na sexualidade –, que também pode ser vivenciada quando estamos totalmente sintonizados com outra pessoa.

*

Quando se consegue fazer com que duas pessoas, que, pela convivência, acabaram se "arranhando" um pouco, se recordem como foi o começo de sua relação – a primavera de sua relação – ou como foi quando, após um longo período de agruras, voltaram a se apaixonar, elas acabam se recordando de imagens estimulantes e dos sentimentos ligados às mesmas. E junto com elas cresce novamente a esperança da possibilidade de uma nova convivência, uma nova utopia de vida comum, da pertença mútua. Essas fantasias de relação modificam nosso humor, mesmo que só na lembrança. Elas sempre vêm acompanhadas de forma muito intensa de esperança. Essa esperança tem ciência da separação, sabe das dificuldades do dia a dia, das lutas para estabelecer limites, de problemas pessoais do parceiro ou da parceira, que surgem na família e parecem potencializar-se, essa esperança tem ciência da necessidade de tempo, que muitas vezes as fantasias não permitem estender-se, porque a vida real nos parece ser muito mais importante.

*

Quando estamos apaixonados, no parceiro ou na parceira nós descobrimos suas melhores possibilidades, e temos a sensação de que também em nós são tocadas as melhores possibilidades. É uma fase de mútua e forte afirmação. Descobrimos quais são os aspectos que são vivificados em nós por essa pessoa, quais as cordas que ela toca em nós, e esse sentimento de estar numa tal relação que vivifica em nós nossas melhores possibilidades nos alegra profundamente.

Acaba-se fazendo brotar possibilidades que ainda correspondiam a imagens ocultas de nossa alma, das quais só tínhamos uma intuição; é isso que nos dá esse sentimento de felicidade, de amor, de bom humor, de totalidade, e também o sentimento de que elementos do passado podem ser rompidos, que pode surgir algo de novo. E quando começamos a fantasiar, naturalmente implicamos a relação com essa pessoa em nossas fantasias. Quando reconhecemos numa pessoa suas melhores possibilidades e as estimulamos, enquanto amantes, tornamo-nos parte dessa pessoa, e em nós são despertados aspectos que vão muito além daquilo que nos tornamos, além daquilo em que nos fixamos. O que vemos numa pessoa amada pode ser um desejo fundado de si mesmo, que só precisa da fantasia de uma pessoa que a ama para ganhar corpo na vida do dia a dia – mas poderá ser também um mero desejo da outra pessoa amada. Nesse caso, então, logo virá o desengano, e a pessoa tem de se haver com a decepção.

*

O elemento estimulante no amor é que, nas fantasias próprias da relação, ele nos mostra uma nova luz – e permite que cresçamos para além de nós mesmos. O desengano, porém, também depende do fato de que, quando nós já não conseguimos respaldar essas imagens, e começamos a desmerecer um ao outro por causa das decepções, então começa a derrocada. Quando as imagens de abertura e de irrupção, ao modo como surgiram na primeira fase do amor, se transformam num decepcionante "então é assim que você é; nada mais do que isso!", e se tornam uma imagem restritiva do parceiro ou da parceira, o espaço inicial de liberdade se transforma numa prisão. Nesse tipo de vivência é de se perguntar se nós conseguimos reconhecer e conservar como tal o espaço das fantasias relacionais em seu valor, ou se exigimos que elas se materializem, que sejam solvidas, resgatadas.

Essas fantasias relacionais são visões, elas têm grande influência sobre nós, quando são cheias de vitalidade; nós podemos também delas nos recordar, podemos também revivificá-las. Todavia, as visões jamais poderão ser solvidas e implementadas na realidade. Também é uma questão problemática o fato de querermos, sempre de novo, medir as visões, se elas se realizaram no dia a dia, e com esses procedimentos acabamos passando ao largo da essência da visão. A visão é uma imagem-guia; ela tem a função de nos dar ideias, de elevar-nos e puxar-nos do presente para o futuro, transmitir-nos uma esperança e um anelo; todavia, a visão jamais poderia ser totalmente integrada no cotidiano.

*

Nas fantasias de relacionamento, portanto, nós não apenas projetamos o que nos falta e aquilo que cresce em nossa psique no confronto com os outros, para dentro dos outros; a pessoa amada não é simplesmente um espelho, pelo qual nós podemos retornar a nós mesmos. No amor, ao contrário, vemos sempre as melhores possibilidades de um parceiro, de uma parceira, e através de nosso amor também lhe damos a sensação de que essa pessoa possa realizá-las. E quando nós realmente amamos, também iremos perdoá-la se ela se resignar a não levar à realização suas melhores possibilidades, e poderemos perdoar isso a nós mesmos. Mais tarde, justamente pelo fato de nos lembrarmos dos gestos que marcaram o surgimento do amor, nas formas criativas, talvez pensemos que nós ligamos essas fantasias criativas, esses sentimentos carregados de expectativas com essas pessoas, em função delas e de nós próprios, e que o estímulo para realizá-las se conserva na medida em que o mantemos em nossa fantasia.

Isso não deve ser compreendido como um ato de violência de nossa imaginação, é um aspecto do próprio amor ver na pessoa amada uma infinidade de possibilidades, que permanecem ocultas para qualquer outra pessoa que não a ama. Visto de fora, isso pode parecer a cegueira do amor, mas a partir de dentro é o dom do(a) vidente, a oportunidade do amor, confirmação, esperança, mudança.

Referências

Os textos presentes neste livro foram extraídos dos seguintes livrinhos e artigos de Verena Kast, todos eles publicados na Editora Walter:

Wege aus Angst und Symbiose, 1982 [9. ed., 1991].

Mann und Frau im Märchen, 1983 [8. ed., 1992].

Failienkonflikte im Märchen, 1984 [4. ed., 1993].

Wege zur Autonomie, 1985 [4. ed., 1989].

Märchen als Therapie, 1986 [4. ed., 1993].

Traumbild Wüste, 1986 [3. ed., 1992].

Freund- und Feindbilder, 1986 [Ed. por Peter M. Pflüger].

Der schöpferische Sprung, 1987 [6. ed., 1994].

Traumbild Auto, 1987 [2. ed., 1993].

Imagination als Raum der Freiheit, 1988 [4. ed., 1991].

Das Paar, 1988 [Ed. por Peter M. Pflüger].

Die Dynamik der Symbole, 1990 [4. ed., 1994].

Freude, Inspiration, Hoffnung, 1991 [4. ed., 1996].

Abschiedlich leben, 1991 [Ed. por Peter M. Pflüger].

Liebe im Märchen, 1991 [2. ed., 1991].

Die vier Elemente im Traum, 1993 [Ed. por Ingrid Riedel].

Das Eigene und das Fremde, 1994 [Ed. por Helga Egner].

Neid und Eifersucht, 1996 [5. ed., 1996].

Conecte-se conosco:

 facebook.com/editoravozes

 @editoravozes

 @editora_vozes

 youtube.com/editoravozes

 +55 24 2233-9033

www.vozes.com.br

Conheça nossas lojas:

www.livrariavozes.com.br

Belo Horizonte – Brasília – Campinas – Cuiabá – Curitiba
Fortaleza – Juiz de Fora – Petrópolis – Recife – São Paulo

  Vozes de Bolso

EDITORA VOZES LTDA.
Rua Frei Luís, 100 – Centro – Cep 25689-900 – Petrópolis, RJ
Tel.: (24) 2233-9000 – E-mail: vendas@vozes.com.br